「西武」堤一族支配の崩壊

真実はこうだった!

広岡友紀
Hirooka Yuki

さくら舎

目次◆「西武」堤一族支配の崩壊――真実はこうだった!

プロローグ――密約説の真相　11

第一章「蟻の一穴」で堤家が崩壊

崩壊のはじまり　24
貸しはがし　25
総会屋への不正利益供与　28
「お家の事情」の弱点　30
株四パーセントの攻防　34
「NWコーポレーション」の力　36

第二章　謀《はか》られた堤支配

堤康次郎の野望　40
家長的経営　41
法人税を払ったことがない会社　44
奇妙な外部委員会　46
巨額な無担保融資　48
堤義明と後藤高志の深い仲　50
真実味がある密約説　52
堤家の「財産」「相続」問題　56
「堤商店」としての「ＮＷコーポレーション」　57

第三章　堤一族、宿命の反目

決定的な反目　62
赤字のコクド、プリンスホテル　65

二人の「長男」と「母親」の問題　70
義明の「孤独」と清二の「自由」　75
堤康次郎亡きあとの女帝　77

第四章　プリンスホテルの失敗

「二・五流」ホテル　82
料理に疎い堤義明　84
レジャーの大衆化を先取りしたが　87
ディベロッパー的発想の限界　88
複雑なホテル用地の買収　90

第五章　堤義明の謎

相次ぐ自殺者　96
義明の本心はどこに　98
たった一七〇億の評価　100

義明と二人の弟の特殊な関係　102
「絶対に友だちをつくるな」　103
「ほんとうの兄なのか」　105
後藤高志の寝返り　106
康次郎の遺言書　107
なぜ、サーベラスなのか　109
堤家の脱税工作の歴史　110
間接統治の実質支配　112
西武統治の手法　113
暴君なのか凡庸なのか　115

第六章　堤家のＤＮＡの執念

三浦半島・鎌倉の買い占め作戦　120
一度手に入れたものは手放さない　123
代々が土地執着　125
義明の「死んだふり」　128

「なんでもあり」がまかり通る　130
義明の計画　132
決して理解されない孤独　134

第七章　西武の闇体質の系譜

康次郎と小佐野賢治、児玉誉士夫　138
『西武王国——その炎と影』買い占め事件　141
横井英樹の西武鉄道株買い占め　142
裏社会との付き合い　143
法令無視の企業体質　145
外資ファンドの西武争奪戦　146
外資ファンドと主力銀行の狙いと手口　150
実体は「株式会社ツツミ」か　152

第八章　国税庁と西武の長い蜜月

義明独裁体制の成立　156
「頭は私が使う。社員は体で働け」　160
形の上での義明封じ込めか？　162
オーナー絶対思想の不幸　163
脱税か、節税か　166
コクド株名義偽装工作　168
近くで見た義明の意外な素顔　170

第九章　自壊は前々から進んでいた

人影が少ない西武系の箱根　174
「質より量のプリンス」　177
「コクド詣で」の結末　178
「会長に敬礼！」　181

あきれたホテルレベルの低さ　183
自壊は静かに進んでいた　185
大物政治家人脈の虚実　187
戦後経済界の闇　190
「血縁」と「ご学友」　191
義明・清二の大きな苦しみ　193
堤清二という皮肉　195
ＮＷコーポレーション株の莫大な含み益　196

第十章　独裁的闇将軍の最終章

株式支配が破綻すると　200
みずほコーポレート銀行の失策　202
単なる「社内カリスマ」の不幸　205
コクドというブラックボックス　207
義明の人生の最終章　209
義明も松下幸之助も普通の人　212

手放した株は買い戻さなければならぬ　214

あとがき　220

堤一族家系図　71
堤一族系譜　222

「西武」堤一族支配の崩壊

——真実はこうだった！

プロローグ——密約説の真相

二〇一三年（平成二五年）一一月二五日、西武の創業者・堤康次郎《つつみやすじろう》の次男であり、かつて西武流通グループ（のちのセゾングループ）を主宰した堤清二《つつみせいじ》が死去した。

その前年秋、日中文化交流協会の会長として中国を訪問しているが、その際に肺にウイルスが入り、かなり深刻な状況におちいったことがあった。

体調は回復傾向にあったが、長期の入院生活を余儀《よぎ》なくされた。昭和二年（一九二七）生まれ、すでに八十代半ばを過ぎていたことから、体力的にも懸念《けねん》されていた。

もっとも彼はすでに実業家・堤清二をすでに引退しており、晩年を作家・辻井喬《つじいたかし》として送っていたので、文化人との交流はあったものの、財界人としての影響力は保持していなかった。

彼の言葉が私の脳裏《のうり》に残っていて、いまもときどき思い出すことがある。

正確にいつのことだったかは記憶にないが、彼に「実業家・堤清二」像について尋ねたことがあった。

一代で流通王国セゾングループを築いた彼は、実質的に創業者に近い立場にある。もちろん本来的な創業者とは異なり、実業家として歩み出せた背景には父・康次郎の存在が大きかったことはいうまでもなく、ゼロからスタートした人ではなかった。

その彼が自分自身の実業家人生を語るときに、自己を完全に第三者としてみなしていたことが、とりわけ印象深い。

「そうねぇ、堤清二という男は、実業家として、少し急ぎすぎたのかもしれませんね」

彼は辻井喬が本来の「私」であり、その視点から「堤清二」を客体化して語っていたのである。

私はここに、堤清二の本心が隠されているように感じたものだった。

堤清二を過去のものとし、本来あるべき自己の人格は辻井喬だ、といいたかったかのように思われてならない。

堤清二の強みは、作家・辻井喬として精神世界に逃避できる点にあったと思う。そこが弟・堤義明と大きく異なる部分であった。

その辻井喬が七八歳になって、再び堤清二の顔を見せた。それが堤家相続人としての存在である。つまり、父・康次郎の遺産相続を、法律どおりにやり直そうと強く主張しはじめたのだ。

昭和三九年（一九六四）に父・堤康次郎が死去したとき、相続を民法によらず、昔風の家督《かとく》相続の形で行なった。しかも、父の家督を三男である義明が一人でほとんどすべてを継ぎ、ほかの子どもたちへの遺産はゼロに近い状態だった。

父親が決めたことであったとしても、相続権を有する者が主張すれば法的には無効であるが、ここにはカラクリがあった。

父が死去したとき、一代で巨大な西武グループを築き上げたにもかかわらず、康次郎個人としての遺産はほとんどなく、所有していたのは国土計画（のちのコクド）の株の三割ぐらいだった。形の上では、それを義明が引き継いだにすぎない。

これは、相続によって堤家の財産が減ることを回避するため、資産を第三者名義や法人名義にしてきたからで、はっきりいえば「相続税逃れ」の秘策だった。

国土計画は事実上の持株会社であり、ここを実質支配していればグループ全体を支配していることになる。その国土計画株についても、名義の借用によって、実質的には九四パーセントを康次郎が支配していた。

清二はなにも法定相続分がほしいと主張したわけではなかった。

提訴の真意は、二〇〇四年の西武騒動以降、社会的に指弾された不明朗なグループの組織や資産のあり方、コクド株の借用名義の問題も含め、すべてをはっきりさせた上でなければ、真の西武再建はありえない、というものだったのである。

この提訴に、母親が異なる堤義明の二人の実弟、堤康弘《つつみやすひろ》と猶二《ゆうじ》も同調していたが、そうしたおりの堤清二の死は、結果的に堤家の相続問題を雲散霧消《うんさんむしょう》させてしまうことになるだろう。

それは、現在の西武グループにとって、喉に刺さった鋭いトゲがはずれた瞬間でもあった。

それが再建を目指す西武グループにとって、吉と出るか、凶と出るかは、関係者の立場によってそれぞれ異なるであろうが、少なくとも堤家にとっては、それが吉相《きっそう》に出るとは思えない。

はっきりいえば、堤家による経営権ならびに所有権の奪還《だっかん》というシナリオは、消滅したというほかない。

西武株の再上場が遅れた要因の一つとして、堤清二・猶二連合がそれに否定的であったことがあげられるが、それは当然であって、再上場によって西武の株が公開株になってしまえば、自分たちの主張、すなわち相続のやり直しが困難になるからだ。

コクド株の借用名義の問題解明も含む彼らの主張にとって、西武鉄道株の上場が廃止された二〇〇四年時点での現状凍結が不可欠であり、そうでなければ、自分たちが旧コクドの真の株主であることを主張する根拠がなくなってしまう。

しかし、堤清二らの主張も虚《むな》しく、西武再建の名のもとに、旧コクドがプリンスホテルに吸収合併されたことで、まず外堀が埋められてしまった。

そして、二〇一四年四月、いかにも堤清二の死を待っていたかのように、西武の本体ともいえる西武ホールディングス（二〇〇六年設立）の株式が、上場廃止からちょうど一〇年が経過したところで、東京証券取引所第一部に再上場され、内堀まで埋められてしまった。

そうした意味でも、堤清二の死は、二〇〇四年に発覚した西武鉄道総会屋不正利益供与事件にはじまる一連の西武騒動→再建劇の処理に、一つの区切りをもたらしたといえよう。

西武における堤家支配の終焉《しゅうえん》によって、後藤高志《ごとうたかし》体制が不動のものになったともいえるが、彼が西武グループのオーナーのような見方をされることはありえない。

古巣《ふるす》のみずほコーポレート銀行（当時）がもくろんでいた西武再建案に反対し、サーベラスという外資ファンドをスポンサーに選んで、異例の再建策で対応してみせたが、そのサーベラスとの経営方針の違いから、西武秩父線、国分寺線などの廃止をはじめとする資産整理についての意見対立で、当初よりギクシャクした関係が続いた。

西武グループの組織再編で誕生した西武ホールディングスの主要株主は、そのサーベラスを筆頭に、旧コクドの株式移転で生まれたＮＷコーポレーション、農林中金などであった。再上場値として一株二二〇〇円を想定していたのが、結果的に一六〇〇円まで下げての上場となった。

初値を基準にした時価総額換算はおよそ五四七三億円。

経営側としては苦渋《くじゅう》の選択であったし、西武グループの資産整理も思ったほど進んでいなかった。

現在、旧グランドプリンスホテル赤坂の跡地の再開発を、西武プロパティーズを中心にすえて行なっている。それが「東京ガーデンテラス」で二〇一六年開業予定である。

西武ホールディングスの筆頭株主であったサーベラスの持株比率は約三五パーセント。この持株比率はその後変化しており、二〇一四年九月では次のとおりであった。

ＮＷコーポレーション　五一一六万株（一五・〇パーセント）
プロモントリア・ジャパンＨＤ３　二八八一万株（八・四パーセント）
プロモントリア・ジャパンＨＤ１　二〇六〇万株（六・〇パーセント）
プロモントリア・ジャパンＨＤ２　一九五六万株（五・七パーセント）
サーベラス・ジャパン・インスティテューショナルＨＤ　一七一七万株（五・〇パーセント）
エス・エイチ・ジャパン　一〇三九万株（三・〇パーセント）
日本政策投資銀行　九九一万株（二・九パーセント）
みずほ信託　八四六万株（二・五パーセント）
農林中金　七六五万株（二・二パーセント）
京浜急行電鉄　七五〇万株（二・二パーセント）

以上が上位一〇位の大株主となっている。

プロモントリア・ジャパンはサーベラスと同体なので、サーベラスの持株比率は約二五パーセントである。

サーベラスは、二〇一五年五月二九日に、関東財務局に大量保有の変更報告書で約一〇パーセントを売却したことを明らかにした。

ここで特筆すべきは、ＮＷコーポレーションが単独筆頭株主に躍り出たことだ。

サーベラスの持株数の変化が顕著であり、サーベラスではサーベラス・ジャパン・インスティテューショナルＨＤを設立した点が以前との変化で、米国の本体企業から分離した形に変更している。

ファンド系の持株比率を合わせると約二八パーセントとなり、西武ホールディングス設立当初にくらべ約一割近く減少している。

また京浜急行電鉄が大株主として登場したことが注目に値するが、これは西武と京急との株式持ち合いであり、以前より西武鉄道は京浜急行電鉄株の一・九パーセントにあたる一〇二六万株を保有している。

その名義は西武建設→コクド→西武鉄道と書き換えたが、持株数に変化はみられない。

以前（昭和四〇年代）、京急の社外役員として堤清二が京急取締役に就くなど、西武と京急との交流は歴史がある。従って西武ホールディングスの大株主として登場しても不思議はない。

西武ホールディングスの株価は公開時の一六〇〇円に対して、二〇一五年二月の平均値が二九四五円と上昇している。なお、二〇一四年四月の株売出しは二七八二万六〇〇〇株であった。

二〇一四年九月現在における西武ホールディングスの財務内容は総資産一兆五一九九億円、株主資本二六一九億円、有利子負債七八三〇億円である。

当初にくらべると有利子負債の圧縮がすすんでいることがわかる。

外国人観光客の急増がプリンスホテルの業績に寄与しており、西武再建が始動して以来、もっとも追い風の中にあるといえよう。

不動産も堅調へ転じており一〇年前とは状況が変化している。

株価も三〇〇〇円の大台に乗せたことで、サーベラスも持株の売却に踏み切り、キャピタルゲインを稼げた。投資効果を得たことで、一応の目的を達成したといえよう。

これが現在の姿ではあるが、ここへ至るまでの過去約一〇年間の歩みを眺めてみたい。


こうした状況下で注目されるのが、旧オーナーである堤義明の動向だ。

彼は実質的にNWコーポレーションを所有しており、同社が西武ホールディングスの筆頭株主であることから、ある程度の個人資産と発言権の確保は保証されたが、かつてのような直接統治は不可能になった。

後藤社長を介しての間接支配の可能性はあるものの、堤の命令一下で動く体育会系的なそれではなくなっている。

ある経営評論家は後藤高志を「簒奪者《さんだつしゃ》」と呼んで非難していたが、みようによっては、たしかに西武を乗っ取ったかのようにもみえる。

メインバンクから西武に鞍替《くらが》えし、その再建を自主的に進めることで、いま彼は西武グループのトップの座にある。混乱に乗じて西武に乗り込み、銀行筋によるグループ解体と堤家追放策を骨抜きにしたのは彼である。

ある意味では、堤義明を手玉にとることで、いまの座を得たといえないこともない。

世間から「超ワンマン」と決めつけられていた堤義明だが、意外にも側近の言に左右されやすく、現場サイドと堤義明の間に側近が介在することで、生の声が彼のもとには届かなくなっていた。

かつて末弟の堤猶二をプリンスホテルから追放したのも、猶二が外資と組んでプリンスホテルの乗っ取りを画策しているかのように義明の耳元でささやいた側近たちの「讒言《ざんげん》」からだった。こうした状況は後年まで続いた。

その意味では、側近によって西武グループが崩壊したといっても過言ではない。西武の経営危機の根本原因は、ここにあったように思われてならない。

側近たちは、「堤義明」像を自分たちの都合のいいようにつくりあげた。あたかも「暴君」であるかのような虚像をつくり、巷間《こうかん》に流布《るふ》させていった。

もし彼がほんとうに「暴君」であったなら、銀行筋から排除工作があった段階で、こんなふうに啖呵《たんか》を切っていたことだろう。

「そんなことをいうんなら、西武をつぶしてしまう。それでもいいのか」

銀行が西武に貸し付けていた額は、一億や二億といった生やさしい単位ではない。一兆円に迫ろうとする額である。しかも、不良債権回収に関する財務省への報告期限が一週間後に迫っていた。本気でそんなことをいわれたら、銀行側は震え上がってしまっただろう。

それは交渉の際の有効なアドバンテージだったはずだが、一連の騒動の中で、実際の彼は雲隠れに明け暮れていた。目の前で起こっている現実に、パニック状態におちいっていたようだ。

そうした状況下での後藤高志の出現は、「白馬の騎士」に見えたのではないか。いとも簡単に外資を受け入れたのも、そのあらわれだろう。

一方の後藤にも「事情」があった。第一勧業銀行出身の彼にとっては、旧富士銀行系で固められたみずほコーポレート銀行にあっては、いわば「外様《とざま》」、そこにとどまっても先はない。

ここは思いきって西武に移り、虚像であったとしても、堤義明という「カリスマ」のオーソライズがあれば、自らの力に有効性をまとうことができる……。

「密約」の存在がどうであれ、以降、西武再建は間違いなく後藤の主導で進行した。

ただし、それが真の西武再建といえるかどうかは、また別の話だ。

少なくとも現在にいたるまで、後藤スキームが大きな効果をあげているようには思えない。

西武沿線の付加価値向上を実現しえたとはいいがたい。他の私鉄に比較して、西武が保有する不動産は多いものの、その大半が沿線からかなり離れた場所に点在している。

それは、創業者・堤康次郎が不動産の保有そのものを目的とし、その利用と沿線開発を二の次に考えていたことに由来するとはいえ、再建を目指しつつも、その是正に手がつけられた様子はない。

全国に点在する不動産は、リゾート系プリンスホテルやゴルフ場の土地として利用されてはいるが、収益性は低く、グループ全体の業績アップには寄与していない。

「先代・康次郎が土地を買い、自分はそこに建物をつくる。そして、三代目が事業の成果を得る、そのように考えている」

かつて堤義明はそう明言していたが、二代目の自分が経営危機を招き、後世への夢を自ら断ってしまった。

私は「西武堤家の関係者」の一人として、西武の再上場を新たな出発点と受け止めている。

ただ、いまの経営はどうみても不安定で、ファンドによる出資比率も高く、今後も流動的に推移しそうだ。

第一章　「蟻の一穴」で堤家が崩壊

崩壊のはじまり

「騒動」の発端は、二〇〇四年三月一日に発覚した西武鉄道による総会屋不正利益供与事件であった。

子会社である西武不動産販売を通じて取引をしたかのように装い、総会屋に実勢価格より安く土地を提供、その売却差額を供与したとの商法違反容疑で、西武鉄道の伊倉誠一専務らが警視庁組織犯罪対策三課に逮捕されたのである。利益を受けた総会屋側も含め、九人が逮捕されている。

四月一四日に堤義明《つつみよしあき》は西武鉄道の会長職を辞任しているが、この裁判の判決自体は五ヵ月後の八月には出ている。当初からこれほどの大事件に発展し、結果として西武グループが事実上の崩壊を迎え、鉄壁《てっぺき》と思われた堤同族支配（より正確にいえば堤義明支配）が瓦解《がかい》するとは、だれも予想しなかっただろう。

ところが、これをきっかけに、同年秋ごろから西武グループをめぐる不祥事が次から次に表面化、だれにもとめられない勢いで社会にさらされていった。

同年一〇月一三日、新高輪プリンスホテル「平安の間」で西武側が開いた記者会見の席上、西武鉄道が長きにわたって有価証券報告書に虚偽の記載をしていたことを公表、つまり西武鉄道と親会社であるコクドが保有する同社株を個人名義に偽装して保有率を低くみせかけ、これを四〇年にわたって行なっていたというのである。

東京証券取引所が定める上場基準では、上位の一〇株主で八〇パーセント以上の株を保有することを禁じている。

その上で、グループの総帥《そうすい》である堤義明自身が責任をとって、コクドをはじめグループ会社のすべての役職から辞任する旨を発表した。

この借名《しゃくめい》株問題をはじめ、西武グループの不透明な体質、堤義明の私生活面までが連日マスコミを賑《にぎ》わせ、朝のワイドショーまでが丸一週間にわたる特別番組を流したほどだった。

あたかも西武グループの経営が危険水域にあるかのように報じられ、過去半世紀にわたって続いた経営の実態が糾弾《きゅうだん》された。

西武鉄道の株式は上場を廃止され、堤義明は翌二〇〇五年三月に逮捕されることになる。

まさしく、カリスマ経営者といわれ、大手私鉄グループ最後のオーナー経営者であった「堤義明」の崩壊のはじまりであった。

堤　義明

貸しはがし

表面的には、発覚した数々の不祥事が引き金となって西武グループが経営危機に瀕《ひん》し、それがあたかも西武内部の問題に起因しているかのように報道された。

たしかにその要素は否定できなかったが、だからといって、「西武王国」が自然発生的に崩壊したかのようにいわれることには、違和感を禁じえなかった。

むしろ、ある政策のスケープゴートにされたのではないか?

同時期、スーパーマーケットのダイエー、住宅メーカーのミサワホームなど、同じような企業崩壊が起こっている。

いずれも財政上の問題を抱えていたことは間違いないが、自主再建の余力は残されていた。西武も含め、各社とも内情に経営破綻をしなければならないような必然性は見当たらなかった。

これらの各社に共通するのは、主力銀行の債権処理をめぐる突然の方針転換だった。しかし、当時、主力銀行が早期の債権回収に躍起《やっき》になったこととの影響を指摘した報道は、まったくみられなかった。

銀行によるいわゆる不良債権処理問題に深く関わっており、それも「不良」とも思えない債権の回収にまで血道をあげるにいたった原因は、小泉純一郎《こいずみじゅんいちろう》内閣が取り組んだ銀行財政健全化政策である。これによって、銀行がいっせいに「貸しはがし」に狂奔することとなった。

その元凶が竹中平蔵《たけなかへいぞう》特命担当大臣(金融担当)であり、彼は経済が生き物であることが理解できない学者の論理で、この政策を断行したのであった。

大ナタを振りかざして財政政策を実行したが、輸血用の血液を用意しないまま大手術をはじめてしまった。当然ながら、患者の多くがバタバタと死んでいった。自主再建可能な企業まで、容赦《ようしゃ》なく葬《ほうむ》り去ってしまった。その代表例がダイエーであり、ミサワホームであった。

多くの企業が産業再生機構に無理やり放り込まれ、意図的に破綻させられていった。この学者大臣の頭の中には、銀行を救済することしかなかった。

そして、西武グループもまた、彼の銀行財政健全化政策の犠牲になった企業体であり、最後の大型案件であった。

ダイエーを崩壊させた同社の主力銀行、ＵＦＪ銀行を救済したあとの案件が、西武のメインバンクだったみずほコーポレート銀行である。

当然、西武からの債権回収を急がせたが、オーナー企業の中でも守りが堅い西武にメスを入れるには、そのオーナーを排除することが不可欠と考えたのだろう。

その時期に続々と露呈してきた西武と堤一族にまつわる不祥事との関係を、私はどうしても偶然と受け取ることはできなかった。なにかしらの意図をもったリークがあったとしか思えなかった。

西武内部に一種のクーデターでも起これば、それが「堤追い落とし」の突破口となる。その第一弾として放たれたのが、総会屋への不正利益供与ではなかったのか。

二〇〇四年一〇月に行なった西武側の記者会見での堤義明の辞任発表に対し、みずほコーポレート銀行の齋藤宏頭取は寝耳に水とばかりに驚いた様子で、あわてて日本興業銀行時代の先輩である諸井虔のもとに駆けつけている。

諸井は秩父セメント（現・太平洋セメント）創業者の一族で、同社社長を務めていたこともある。一九六七年に秩父セメントに入社する前は、日本興業銀行の行員だった。

総会屋への不正利益供与

そもそも総会屋対策に抜かりがなかった西武グループが、なぜ不正な利益供与をしなければならなかったのだろうか。首を傾げてしまう。

二〇〇〇年一二月のことだが、このとき総会屋・芳賀《はが》龍臥《りゅうが》が脅しのネタに使った三浦半島の土地にまつわる情報は、容易に想像できたと思う。芳賀は神奈川が地盤で、とくに横須賀方面の情報に詳しい。

上場していたとはいえ、オーナー企業であり、完全なまでに資本の囲い込みをしていた企業としては、株主総会など簡単に乗りきれたと思う。

しかも、この総会屋が株づけしていたのは、最低単位の一〇〇〇株にすぎない。それでもって、小耳に挟んだ情報をネタに脅しをかけてきたのだ。

その対策として、西武鉄道は自社所有の土地を、この総会屋が顧問に就任していた横浜の植松不動産に、実勢価格を大きく割り込む安値で売却、利鞘《りざや》として九〇〇〇万円ほどを相手方に儲けさせた。

土地と不動産業者を介したのは、総会屋に直接金銭を渡すのはまずいという認識があったからで、不動産屋のほかにも、総会屋の秘書や二人ほどのブローカーが関与している。こうした手法は初めてではないし、従来はそうした工作でごまかすことができていた。

ところが今回、それですまなかったのは、なんらかの理由でそれをマスコミにリークする人物がいたからであり、そこから網を張っていた警視庁当局の耳に情報が入ることになって、これが不動産売買にみせかけた総会屋への不正利益供与と認定されるにいたったのであろう。

西武不動産が八〇〇〇万円ほどで売却した土地を、植松不動産は一億二〇〇〇万円で転売し、四〇〇〇万円の差額を手にしたという。

そのほかにも、西武が植松に三〇〇〇万円で売った横須賀の土地を、他県に住んでいる個人に八千数百万円で転売している。これも差額の多くが芳賀の懐《ふところ》に転がりこんでいる。

二〇〇四年の事件発覚当時、芳賀は入院中だったため、逮捕状は出ていたものの身柄を拘束されることはなく、九月にそのまま死去している。

「お家の事情」の弱点

西武が総会屋から脅されて利益供与をしたという事実を、西武鉄道の伊倉誠一専務が知人に漏らしたのは、不用意といえば不用意だったが、彼にはたいした意図はなく、たまたま会ったときに何気なくボヤいてしまったらしい。

それが一連の西武騒動に発展、堤体制が総崩れになろうとは、当の専務自身も夢にも思わなかっただろう。しかも、それは事件発覚より三年も前のことだったという。

ところが、伊倉の知らないところで、「情報」はその知人から複数のマスコミ関係者に伝わり、さらに警視庁詰めの新聞記者を経て、以前から網を張っていた担当部署の刑事の耳に入るところとなった、という経緯らしい。

この情報伝達ルートの中に、西武とか堤義明に対する個人的な「恨み」、あるいは「わだかまり」のようなものが存在していたにしても、それは些細なもので、西武グループの企業規模からすれば、巨象に対する一匹の蟻の存在にも等しかった。

そして、まさに蟻の一穴が、堅固に見えた「堤」を崩壊させてしまったのである。

それにしても、先代・堤康次郎《つつみやすじろう》が築いた鉄壁の同族経営が意外にもろかったことに、改めて驚かされたものである。

一連の西武騒動の発端となった西武鉄道による総会屋不正利益供与事件のあと、有価証券報告書虚偽記載等、西武グループと堤義明に関する不祥事が次々に発覚するのだが、こんなふうに芋づる式に出てくる問題の出所に不自然さを覚えたのは、私だけだったろうか。

過去半世紀にわたって継続されてきた西武グループの恥部ともいうべき闇の部分が、なぜこの時期に急浮上してきたのだろうか。

私は不思議な思いで受けとめていた。この「集中砲火」の実態は、いったいなんなのだろうか、と。

大手私鉄業界にあって、西武鉄道グループはバブル期にとくに注目された存在だが、それは鉄道事業分野というより、同グループの保有する不動産価値の高さ、都心の一等地に所有するプリンスホテル群、そして、全国に広がるリゾート事業展開、さらには堤一族による同族経営の特異さに対してであったといえる。

堤義明はそのオーナーとして世界長者番付に登場し、その資金力が話題にされたが、そうした企業がじつは大きく間接金融に依存した借入金で運営されてきた事実を報じたメディアは皆無に等しく、世人にその実像を知りうる術はなかった。

そこにこそ、イメージと実像との乖離《かいり》の最大の要因があった。

オーナー企業がなぜ総会屋に利益供与をはからなければならなかったのか、という疑問も生じよう。そもそも西武鉄道が株式を上場しなければならなかった理由も曖昧である。

もっとも、以前から一部のあいだでは、西武鉄道にまつわる「事情」は周知の事実であり、公然の秘密でもあり、およそ半世紀にわたって継続されてきた事実にほかならない。

そこに西武鉄道、西武グループをめぐる「お家の事情」があったからであり、その事情が外部に伝わることがなかったからにすぎない。

それが同族経営の強みであり、同時に弱点でもあった。


西武グループのトップとして堤義明に対する企業人としてのモラルやガバナビリティを問われることはしかたのないところではあるが、西武における企業風土は、彼が創造したものではなかった。

それは先代の堤康次郎イズムと同義であり、義明はそれを忠実に継承・実践したにすぎないからだ。むしろ、義明の不幸は時代の変化を読めなかったことに起因している。

先代が活躍したのは大正期から戦後の昭和三十年代にかけてだが、そのころは企業コンプライアンスなる思想すら存在していなかった。

とにかく利益をあげて企業基盤を堅固なものにし、日本の経済力を向上させる、その一点に「正義」が存した時代であった。

西武にかぎらず、あらゆる企業が未成熟であり、そうした中で数々の公害が副産物として生じた歴史はだれもが知っているところだ。時代のパラダイムが違っていた。

堤義明は亡父・康次郎の思想を、兄弟の中でもっとも忠実に受け継いだ人物であった。

詳しくは後述するが、西武サイドは主力銀行、みずほコーポレート銀行による再建を受ける方向で話を進めながら、実際にはこれを拒否、サーベラスという投資ファンドの出資で乗りきろうとしたのは、いかにも場当たり的な策であった。

投資ファンドは中期的に利益を得ることで出資者に配当ができる。彼らはけっして長期安定株主とはなりえない存在であり、そうした性格の金融業者をなぜ再建の中心に引き入れようとしたのかも疑問である。

はたせるかな、のちになってサーベラスとのあいだに軋轢《あつれき》が生ずることになったが、こうした結果を招来することなど当初からわかっていたはずだ。

できるだけ早期に西武ホールディングス株を好条件で上場し、株の売却で利益を確定する。それでなければ投資ファンドの意味がない。サーベラスの狙いがこの一点に集中することは、自明《じめい》の理《り》であった。

そのためには西武ホールディングスの収益向上が不可欠となるため、経営方針をめぐり西武側と対立することにもなる。これも当然の帰結だった。

株四パーセントの攻防

西武ホールディングスの株主は、サーベラスグループの三五・四八パーセントを筆頭に、ＮＷコーポレーション、日本政策投資銀行、農林中央金庫、シティグループ、日本トラスティ・サービス信託銀行、京浜急行電鉄と続く。

サーベラスはＴＯＢ（株式公開買付け）をかけることで、持株比率を四四パーセントまで増やす予定でいたが、三二・四二パーセントを三五・四八パーセントに増やすことしかできなかった。

これによるかぎりサーベラスの失敗にみえるが、一方の西武側が支持を取りつけた株式比率も四七パーセントで、過半数に四パーセント弱足りなかった。

このわずか四パーセントが、西武ホールディングスの経営主導権を手に入れることができるかどうかの鍵を握っていた。

西武側では証券会社などを交えた支援策を検討し、その結果として、約三〇〇億円をＪＲ東日本が用意、四パーセントに当たる株式を購入するというスキームを固め、二〇一三年四月に実施する予定になっていた。ところが、この計画はあえなく頓挫《とんざ》。

ＪＲ東日本の顧問弁護士が、「西武ホールディングスを支援する正当な理由がみつからない」

と判断したからだった。

これにあわてた西武側は個人株主を対象に、サーベラスのＴＯＢに応じないように、もしすでに応じていたらすぐにキャンセルしてほしい旨のお願いを、電車内の中吊り広告で訴えた。西武鉄道の車両に出現した前代未聞の広告は、こうして出されたものだった。

西武ホールディングスの個人株主は約一万三〇〇〇人いるが、その多くが西武沿線に居住しており、車内広告はかなりインパクトがあった。

西武側は、サーベラスが西武鉄道の五路線（西武秩父線、国分寺線、多摩湖線、山口線、西武多摩川線）の廃止を要求していると喧伝《けんでん》し、沿線利用者の危機感をあおった。一方のサーベラス側は「その事実はない」と反論していたが、それが事実だとすれば、路線廃止案は西武による自作自演だったことになる。

二〇一三年六月二五日、埼玉県所沢市の西武ホールディングス本社で開催された株主総会において、言った言わないの応酬がみられたが、こうなるとまるで子どものケンカである。

西武側が沿線株主を味方につけるには、サーベラスが路線廃止を求めているというストーリーはたしかに効果的だったが、鉄道評論家である私からみると、サーベラス側が不採算路線やＪＲ中央線の培養線的性格が濃い路線の廃止を求めることに、それほどの唐突さや不自然さは感じられなかった。

ただ国分寺線だけは、利用者、沿線人口ともに多く、不採算路線とはいいがたいが、この路線廃止案にもそれなりの理由があった。

所沢周辺の居住者が国分寺線経由でＪＲ中央線を利用し、都心とのあいだを往復する例が多くみられる。これでは、乗客をみすみすＪＲ東日本に引き渡しているようなものである。

それに対し、国分寺線（東村山―国分寺）を廃止したとすれば、東村山以北の住民は西武新宿線を利用することになるし、また、所沢から西武池袋線への流入も増え、逆に西武鉄道の増収につながるはずである。

こうした現状に気づく者はあまりいないし、サーベラスがそのことを前提にして廃止路線に国分寺線をラインナップさせたかどうかは疑問だが、いずれにせよ、国分寺線の沿線人口が多いだけに、これが廃止となれば反発が強くなる。サーベラスに対する風当たりがきつくなるのは必定、この点、西武側にとっては好材料に作用した。

「NWコーポレーション」の力

この株主総会のあと、西武ホールディングスの後藤《ごとう》高志《たかし》社長の次の発言が印象に残った。

「これからも農林中金さんなんかの協力も得て、（サーベラスに）対処したい」

なぜかＮＷコーポレーションの存在には、いっさい触れていなかったからだ。

二〇一三年四月の時点で、ＮＷコーポレーション株の三〇パーセント超を保有していたのは堤義明であり、同社は西武ホールディングス株の一四・九五パーセントを保有していた。かりにサーベラスとＮＷコーポレーションが連合したとすれば、西武ホールディングスにとっては大打撃となることから、表舞台から退《しりぞ》いたとはいえ、堤義明がキャスティングボートを握っていたことは間違いのないところだった。

しかし、ＮＷコーポレーションはサーベラスによるＴＯＢに応じなかったし、総会前、堤義明は西武ホールディングス側の提案を全面的に支持するとの意向を表明していたともいう。「予定」どおり、株主総会ではサーベラス側の役員選任案は否決されたが、サーベラスと西武ホールディングスとの確執がエスカレートすればするほど、その復権論とともに、キーマンとしての堤義明の動向に注目が集まることとなったのだった。

第二章　謀《はか》られた堤支配

堤康次郎の野望

日本における鉄道事業は、官設の東海道線を除く大半の長大路線が、私鉄としてスタートを切った。

日本鉄道、山陽鉄道、関西鉄道など、そのほとんどはのちに国有化されたが、その後の鉄道建設ブームの中で生まれた私鉄は、名称や路線を変化させながらも、いまだ存在しているものが多い。

わけても五島慶太《ごとうけいた》（東急）、根津嘉一郎《ねづかいちろう》（東武）、堤康次郎《つつみやすじろう》（西武）、小林一三《こばやしいちぞう》（阪急）らは、鉄道経営の枠にとどまらず、私鉄企業グループを生み出したことで知られる。

ここで注目すべきは、鉄道事業を本業とした五島慶太や小林一三に対し、堤康次郎にとっての本業が不動産事業であった点だ。

堤ほど土地そのものに執着した鉄道経営者はいない。土地を保有すること自体が事業の目的であったともいえるほどだ。

たしかに五島も小林も沿線開発型私鉄経営者であったが、主軸とする鉄道事業を培養するための不動産事業である。東急のルーツは田園都市株式会社という不動産企業ではあったが、のちに電鉄本体に吸収合併されている。ここが堤の西武との決定的な相違点である。

堤康次郎が本格的に鉄道事業に乗り出したのは、昭和七年（一九三二）、武蔵野鉄道（浅野財閥系、いまの西武池袋線に相当する）の再建であった。彼の母体である箱根土地会社が武蔵野鉄道株を大量に保有していたことから、経営権を掌中におさめることになったのである。

それ以前、堤康次郎は自らが手がけていた小平学園都市の輸送機関として多摩湖鉄道を設立しており、これを武蔵野鉄道に吸収合併させて、再建を成功させる。

昭和一八年（一九四三）、根津から経営権を譲り受けた西武鉄道（元・川越鉄道）を、戦後まもなく武蔵野鉄道に吸収合併させた上で西武農業鉄道とした。さらに昭和二一年（一九四六）、「農業」の文字を取って西武鉄道とし、今日にいたっている。

堤康次郎はあくまでも不動産業である箱根土地会社（のちのコクド）を事業の本丸と定め、西武鉄道はいわば出城《でじろ》という扱いだった。ここが西武グループと他の私鉄グループとの大きな相違点であり、この構図がそのまま堤義明《つつみよしあき》に継承されてきた。

堤　康次郎

家長的経営

堤康次郎が進めた事業形態のもう一つの特徴は、徹底した過小資本経営にあった。

経営資金の大半を間接金融に依存し、そのため西武鉄道の資本金は極端に小さく、二〇〇四年の上場廃止の時点でも二一七億円にすぎなかった。

こうして品薄株としての性格を保持することで、株式市場における株価高どまり現象を継続させることができた。

堤経営のもう一つの柱である「資本の囲い込み」は、いうまでもなく堤同族資本での経営を目的としたものである。これには、ライバルであった東急の五島慶太による株買い占めから堤家の家業を死守しようとする意図もあったものと思われる。実際、直接金融からの資本調達はきわめて消極的であった。

そうだとすれば、なぜ西武鉄道は株式を公開したのかという疑問が湧くだろう。

二〇〇四年一〇月、西武グループの全役職を辞すことを表明した会見の席で、堤義明自身も（西武鉄道の株公開について）「なんでかわからない」と述べて注目された。

憶測《おくそく》の域《いき》を出ないけれども、堤康次郎は鉄道経営を本業である不動産、観光事業を培養《ばいよう》するための信用担保と位置づけていたがゆえに、あえて西武鉄道株を東証一部に上場したのではないかと思う。

本丸の国土計画を未上場とし、同社とグループ各社で西武鉄道株の八〇パーセント以上を保有することで、第三者による経営介入を阻止してきた。これが堤康次郎流の経営の特色であり、それをそっくり継承したのが堤義明である。

堤康次郎は西武グループを一家とみなし、家長的経営を貫いてきた。それを支えたのが同族資本体質であり、その最大の目的は、西武という企業集団を他資本の乗っ取りから守り、堤家の事業として純粋培養することであった。その手法として、増資による他人資本を排し、借入金に頼る過小資本体質を貫くこと。彼はこれを堅持した経営に徹してきた。

その結果として、間接金融依存の社風が必然となる。しかし、銀行筋は冷淡であった。その遠因は、「小泉純一郎《こいずみじゅんいちろう》・竹中平蔵《たけなかへいぞう》」路線による強引なまでの銀行不良債権処理にあった。

ＵＦＪ銀行が有していた債権処理でみせた非情さで、自主再建可能であったダイエーを強引に産業再生機構にぶち込んでしまうなど、そのやり口はあまりにも乱暴であった。

しょせん銀行マンは財務省、金融庁に弱い。悲しいかな、いまの日本には本来の意味における銀行家など存在しない。

本来のバンカーとは、金貸しの親分ではなく、企業を育てる人だ。私はそうした銀行家には接したことがなく、すべて財務省の手下といった感じを受けた。不良債権処理を命じられ、なりふりかまわず動いたのが銀行である。

その結果、自主再建可能な企業まで力ずくでつぶしてしまった。ダイエーがその典型例で、中内切《なかうちいさお》の恨みつらみは、想像を絶するものがあったろう。

ＵＦＪ銀行の不良債権処理を強行させ、その返す刀の振り下ろし先が、みずほコーポレート銀行をメインバンクとする西武グループであり、実効支配していた堤義明であった。

法人税を払ったことがない会社

西武再建計画は、こうした銀行筋の事情に端《たん》を発したもの、もしくは仕組まれたものであったと思われてならない。

そのことは西武にとって、いわば寝耳に水の話であったはずだ。

二〇〇四年三月に発覚した西武鉄道による総会屋への不正利益供与事件では、西武鉄道社長（当時）である戸田博之《とだひろゆき》の引責辞任で幕を引くつもりであり、会長の堤義明は留任するとされていた。

ところが、一〇月一三日に有価証券報告書虚偽記載が明白になると、彼も会長を辞さざるをえない事態に発展した。

過去に提出した西武鉄道の有価証券報告書等の株主保有株式数の記載に事実と異なる点があったことを公表、訂正報告書を提出した。西武鉄道における浮動株数が東証基準に違反している実態を公表したものだが、実際に、コクドを中心にグループ企業の持株比率の割合が、総発行済み株式の八割を超えていた。それを役員や社員、関係者等から名前だけを借りて、個人名義に偽装して保有率を低くみせかけていたというのである。

　この一件は、監査役（当時）の山田憲二が株主代表訴訟を恐れて、その存在を認めてしまったことにより公表せざるを得なかったものだ。山田が認め、西武側があえてこの時期に公表しなければならなかった背後には、二〇〇四年六月改正の有価証券報告書虚偽記載等による損害賠償請求権規定の強化があったという。

　同年一二月一日以降の開示書類から適用されることになっていたので、大急ぎで駆け込み発表をしたということらしい。

　この借名《しゃくめい》株問題は西武に関わる暗部には違いなかったが、先代の堤康次郎のころから継続されてきたことだった。小さなものでも、いったん火がつけば大火に発展するおそれはたしかにあった。

　不正利益供与事件のときに捜査当局が押収した資料類の中に、コクドや西武鉄道の株主名簿も含まれていた。その名簿には、どう考えても戦前の表記としか思えないようなおかしな住所が無数に記載されていた。

　コクドが法人税を払ったことがないのは利益がないからだと説明してきたが、利益がなければ配当もない。そういう会社で、従業員持株会など成立するのだろうか。

　そうした実体が曖昧な従業員持株会の存在なども、捜査官がみれば一目瞭然《いちもくりょうぜん》、それらが工作された借名株だとバレるのは時間の問題だったに違いない。

それで山田は堤義明から叱られるより、上場廃止に怒った株主から集団で損害賠償訴訟を起こされるほうが怖かったというのだが、それにしても、規制強化前に訂正申告しておけば、過去の罪は軽減してもらえて、上場廃止を回避できるとでも考えたのだろうか。

現実はそうは甘くはなかった。この公表を受けて東京証券取引所は、一一月一六日には西武鉄道株の上場廃止を決定している。その後、西武株を保有していた多数の投資家から損害賠償請求訴訟が相次ぐことになる。

このときの監査役の判断と西武側の公表は、むしろ西武騒動の火種《ひだね》に油を注ぐこととなり、意図はどうであれ、結果的に堤義明の排除に加担してしまったことになるのは、なんとも皮肉なことであった。

奇妙な外部委員会

ともあれ、この唐突な公表にあわてたのが、メインバンクのみずほコーポレート銀行だった。とくに齋藤宏頭取のショックは大きかった。おりしも不良債権処理に躍起《やっき》になっていた時期、西武鉄道株の暴落を心配するのは当然であった。

齋藤はこのときに興銀時代の先輩である諸井虔のところに駆け込んだ。

「私が昼食に出ていたときに、齋藤君がアポなしでやってきた」

諸井はそう語っていたが、よほどあわててのことだったろう。

この流れを受けて立ち上げたのが、諸井を座長にすえた「西武グループ経営改革委員会」（通称・諸井委員会）である。

しかし、この委員会は思えば奇妙な存在であった。なぜかといえば、それは勝手に旗揚げした外部委員会で、いかなる権限があって発足させたものか、よくわからなかったからだ。

あえて根拠を探せば、メインバンクとしての行動といえなくもない。実際に同委員会の存在が、みずほコーポレート銀行の代弁者にみえていたからだ。

だが、法的根拠のない外部の「勝手連」であった点は否めない。その中で、ふだんは理論家で知られる座長の諸井が一人熱かった印象がいまも残る。

「はじめに堤排除ありき」が、諸井が示した方針であった。

彼の堤批判、西武批判は激しいものであったが、なぜそこまでエスカレートさせたかについてはのちに記そう。

結論からいえば、同委員会は結局のところ実効性がないまま解散にいたっている。独り相撲の感は否めない。というのも、西武再建においてメインバンクであるみずほコーポレート銀行が機能する機会を失したからである。

これには同行頭取である齋藤も予期せぬ展開であった。当初の大方の予測では、みずほコーポレート銀行が西武再建に当たるものとみられていたからだ。

巨額な無担保融資

ここで一つ記しておきたいことがある。

それは、西武のケースにおいて、はたして「再建」という用語が適切であるかどうかだ。というより、必ずしも西武は破綻したわけではないので、再建なる言葉が当てはまるかどうか疑問だからである。

それはともかくとして、一連の不祥事が与えた打撃はたしかに大きく、わけても西武鉄道の上場廃止処分が一般株主におよぼす損害は重大であった。一挙に市場性を失ってしまったからだ。

西武グループの本丸であるコクドでも一連の事件からの影響は大きかったが、堤義明のコクド会長辞任はその最大のものであったろう。

コクドにおける借名株の存在も浮上し、グループ全体が非常事態におよぶ中で、堤義明が全役職を辞任する事態となり、西武グループとしては未曾《みぞう》有の混乱状態を呈することになった。

そうした中で、二〇〇四年一一月二二日、コクド社長であった三上豊の後任に大野俊幸がついたが、彼は常務からの昇格で、それまでは北海道地区を担当していた人物である。あえてこうした人事を行なった裏には、それまで中央から遠かった人間を社長にすえることで、マスコミの矛先をかわそうとしているとの声もささやかれた。

事実、記者会見や株主総会における大野の発言はまったく要領をえず、あたかも煙に巻くようなやりとりであった。これにはコクドの株主総会に出席を認められた堤義明の実弟・堤猶二《つつみゆうじ》も拍子抜けしたようだった。

西武鉄道に対する再建計画では、みずほコーポレート銀行が意欲を示したが、それは貸付残高をみると納得できる。

みずほグループ　三二三〇億円
三菱東京グループ　二一四四億円
三井住友銀行　八七〇億円
ＵＦＪグループ　六六八億円
中央三井信託銀行　一一〇八億円
住友信託銀行　三八四億円
日本政策投資銀行　一二八二億円
その他　二八八〇億円

東証一部上場の大手私鉄企業ゆえの信用力であるが、その西武鉄道株を実質的に六割強を保有することで、コクドにも信用力が生ずるという構図であった。

その株価が暴落すれば、コクドの信用不安が表面化することになる。事実、それが現実のものになった。

また悪いことに西武への融資は大半が無担保融資であり、場合によっては不正融資になりかねなかった。万一、破綻すれば、貸し手は元も子もなくなってしまう。そこで、債権回収を急ぐ銀行筋としては、西武の資産売却の方向に傾いていた。

だが、堤義明がそれに同意せず、再建方針の足並みがそろわなかった。銀行筋としては、大株主である堤義明の存在がネックであった。

それだけに、堤義明の失脚は銀行筋にとって好都合なはずである。それを意図したのか否かは不明だが、タイミングよく不祥事が発覚したこともまた事実である。

それが総会屋への不正利益供与にはじまり、有価証券報告書虚偽記載、さらにはコクドにおける借名株疑惑へと広がったことは、まったくの偶然とは思えない。

堤義明と後藤高志の深い仲

当初、みずほコーポレート銀行が示した案は、西武グループ経営改革委員会と同じく、都心部のプリンスホテルをはじめとする資産処分策であった。

さらに、コクドを西武鉄道に合併させた上で、二〇〇〇億円規模の増資を行なうという案が示されたが、これは相対的に堤の株式保有比率を低下させようとする意図からだ。とても堤が呑《の》める案ではなかった。これでは銀行による事実上の乗っ取りとみられてもしかたがない。

だが、現実の再建案は思わぬ方向に進むことになる。意外にも、みずほコーポレート銀行から西武にきた再建推進役の後藤高志《ごとうたかし》が選択した道は、銀行主導による再建案ではなく、自主再建の道であった。

後藤はみずほコーポレート銀行副頭取であったから、その選択肢は意外な展開といえよう。なにしろ、母体であるみずほコーポレート銀行からの出資を拒み、アメリカの投資ファンドのサーベラスおよび日興コーディアルグループの日興プリンシパルインベストメンツの出資による再建を選択したのだから。

これにはみずほコーポレート銀行頭取の齋藤宏が驚いた。それは、みずほが当初デザインした再建案とはまったく異なるものであった。

後藤が齋藤から次期西武鉄道社長就任の打診を受けたのは二〇〇四年一二月末であり、これを堤義明が了承したのが二〇〇五年一月のことである。

二月一日付けで後藤は西武鉄道に入社しているが、当初の肩書は特別顧問であり、社長就任は二〇〇五年五月二四日であった。

ここで一つの疑問が生じる。それは、銀行が描く西武再建案に納得しない堤義明が、なぜすんなりと後藤を受け入れたのか、である。

じつはこれには伏線《ふくせん》があった。堤と後藤の関係はそれ以前から存在し、すでに旧知《きゅうち》の間柄であったからである。

後藤の出身銀行は旧第一勧銀であり、そこの審査第四部長時代に、西武百貨店の私的整理を手がけ、そごうとの統合を行なっている。後藤高志を堤義明に紹介した人物が、セゾングループの和田《わだ》繁明《しげあき》だ。

和田は堤清二《つつみせいじ》の側近として知られるが、セゾングループの不動産開発会社、西洋環境開発の損失処理をめぐり、清二と衝突してセゾングループを去った人物である。その和田を義明につないだのが赤沼道夫で、先代・康次郎の書生から西武百貨店入りし、監査役をしていた。この赤沼がコクドの役員をしていた横尾彪を介して和田を義明に紹介していた。

また、和田はプリンスホテル社長をしていた山口弘毅《やまぐちひろよし》とも交流をもつが、セゾン出身者としては大変に珍しい存在である。

堤義明は和田を信頼しており、かつて西武百貨店に一〇億円の出資をしている。その和田が後藤を紹介したのだから、義明も安心したのだろう。

真実味がある密約説

こうした人間関係がすでに成立しており、義明にとって後藤は信頼に足る人物だった。けっしてみずほからきた落下傘《らっかさん》部隊ではなかったのである。

その後藤だが、旧第一勧銀、旧富士銀、旧日本興業銀行が統合した際に興銀系、富士銀系の派閥に押されて第一勧銀系の形勢不利が続き、旧興銀マンである齋藤宏に、みずほの主導権を握られていた。

さらに出身銀行の違いもあって、齋藤との仲はあまりしっくりとはいかなかったとの話を耳にしたことがある。後藤は西武鉄道への出向ではなく、みずほコーポレート銀行を退社し、西武に再就職している。

後藤の顔がみずほにではなく、西武に向いていたのは当然だった。

後藤は自主再建路線を採ることになるが、みずほからの出資を断り、一方でアメリカの投資会社サーベラスが浮上することになるのだが、はじめから存在した予定調和では、少々話ができすぎている。

たしかに客観的事実として前記した人脈はあったが、後藤が人脈上のつながりで西武サイドに立ったとも思えない。

彼が方針転換を決めたのは、西武鉄道入りをしてからではなかったか。そこで真実味を帯びてくるのが、堤義明との「密約」説だ。

事実、当初の堤排除案がしだいに影をひそめ、まったく別の再建スキームでまとまっていく。

「西武鉄道株を堤家の所有と認めるなど、世間が許さない」

二〇〇五年五月に招集された西武鉄道の臨時株主総会に際し、そう息巻いていた諸井虔委員長の出した再建スキームは、その株主総会で承認された後藤の社長就任の直後から、急速に姿を消していったのである。

横須賀プリンス、横浜プリンス等一部を除き、プリンスホテル等の資産売却案も白紙に戻された。

堤義明は東京プリンスホテルパークタワー（現・ザ・プリンスパークタワー東京）や京都宝ケ《たからが》池《いけ》プリンスホテル（現・グランドプリンスホテル京都）など、いくつかを指定して売却しないように指示しているが、その線で決着した。

これは諸井委員会案とはかなり違った方向を示していた。

都内のプリンスホテルは現状を維持したものの、他方、リゾート関係施設は閉鎖が続くことになる。ただし、その発表はいっさいなく、表向きには今後の業績しだいとされている。もっとも、売却できそうな物件が少ないという現実のほうが大きかったのかもしれない。

コクド系の物件は軒《のき》並《な》み赤字だったが、かつて堤はこう述べていた。

「ホテル商売は粗利そのものを利益とする体力がないとできませんよ。償却まで考えたら、万年赤字ですからね。ええ、そうなんです」

ざっと四半世紀ほど前の話だ。新高輪プリンスホテル（現・グランドプリンスホテル新高輪）が完成間近だったころだから、一九八二年だったと思う。ちょうどその年が戌《いぬ》年で、義明が年男だったのでよく覚えている。

ただ、そのころの彼は用心深く、将来のホテル不況を視野に入れていた。その証拠に、こうもいっていた。

「新高輪はマンションに、赤坂はオフィスビルに改造しやすくつくってあるんですよ」

プリンスホテルは一万室を維持し、それ以上には広げないともいったが、いまでは二万七〇〇〇室に膨張している。

ただ巷間《こうかん》、コクドや西武鉄道があたかも破綻寸前のように思われていたが、両者ともにそうした危険水域には入っていない。それはマスコミがつくったイメージにすぎなかった。

みずほコーポレート銀行がコクドを銀行管理下におこうとして資産査定をしたが、そのときには債務超過の事実を確認できなかった。

ただ、その後、二〇〇五年六月二九日に開催されたコクド定例株主総会においては、債務超過の発表がされている。不良債権隠しがあったと思われる流れだが、コクドは未上場企業であり、ブラックボックスが多く、真の財務内容がつかみにくい。当初は債務超過が簡単には発見できなかったのかもしれない。

この事実を受けて、八月一〇日に従来案であった西武鉄道のコクドおよびプリンスホテルを合併するという案は撤回された。

これは西武鉄道株主の猛反対を受けた結果だが、このときすでに西武鉄道株を取得していた村上ファンドの村上世彰《むらかみよしあき》が、株主総会で西武再建案について発言している。彼は、新たに西武側が打ち出した持株会社方式について反対をした。

堤家の「財産」「相続」問題

こうした混乱が続く中、二〇〇五年八月三一日にコクドの原宿本社ビルがレーサムリサーチ社に売却されるなど、グループの資産売却が始動する。

九月一六日になると、堤清二、猶二がコクド株の所有権確認を要求して、堤義明を提訴。これによって、兄弟間の争いが本格化する。

それに先立つ同年二月、堤猶二が単独で、コクドに対する堤家の所有権確認を求めて、西武の役員ら二七人を相手どる訴訟を起こし、それに呼応して、三月三日、清二と康弘が同趣旨の訴えを起こしている。まさに義明が逮捕された、その日である。

義明の思惑一つで「堤家の財産」が第三者へ移転しかねない危機感が、日増しに他の兄弟たちの間に広がっていた。以後、堤家の相続問題と西武再建問題が同時進行するという、異常事態が続くことになる。

詳細は後章に譲るが、堤兄弟間の相続問題が決着しないままコクドに手をつけることは、悪しき西武体質の温存を意味していた。西武再建策は既成事実を追認する形で進められたが、そこに根本的な欠陥があったといわなければならない。

みずほコーポレート銀行の意を受けて発足した西武グループ経営改革委員会が、堤家の相続問題を無視した形で進めたことにより、実効性に欠けたものとなった感は否めない。コクド株の所有権確定こそが、西武再建の原点であったはずだからだ。

しかし、現実にはそこに手をつけないまま進行、二〇〇五年一〇月一八日、西武鉄道はコクドの増資をサーベラスと日興プリンシパルインベストメンツに求めたと発表した。

さらにコクドにかわる持株会社の新設を表明したが、一段と組織が複雑化する案であった。続けて、一一月一〇日付けで西武鉄道は「西武ホールディングス」設立案を発表、同時に堤猶二が提案していた株式公開買い付け案を拒否している。

堤　清二

こうした西武の再建は後藤高志が主導していたのだが、その意向には堤義明のそれが大きく反映していたはずである。

「堤商店」としての「NWコーポレーション」

コクドはプリンスホテルに吸収合併されて消滅することに

なったが、そのコクドの株主は従来の持株比率のまま、そっくり新たに成立された持株会社ＮＷコーポレーションに平行移動している。同年一一月二九日に発足したＮＷコーポレーションが、ようするに「堤商店」そのものだったのである。

明けて二〇〇六年二月一日にはプリンスホテルがコクドを吸収合併、新プリンスホテルが西武鉄道のホテル事業を継承することになった。

同月三日、西武ホールディングス設立。翌三月二七日にグループ再編の上で、西武ホールディングスの下に西武鉄道とプリンスホテルを配した。

一見すると、いかにも新しい体制に見えるが、西武ホールディングスの上位に位置するＮＷコーポレーションなる持株会社の存在がなにを意味していたかは、人事をみれば一目瞭然だった。

旧コクド株主によって設立されたＮＷコーポレーションの代表取締役は一名。冨田正一がその人物だが、彼はプリンスホテルの内装を長年手がけてきた内装卸業トナミの会長で、日本アイスホッケー連盟会長（前任者は堤義明）だった。他の取締役は金井英明、飯芝政次の二名。金井は元北海道フットボールクラブ（コンサドーレ札幌）社長で、其水堂金井印刷社長。飯芝は警視庁捜査四課長を務めた警察ＯＢ。

堤義明の名前こそみえなかったが、明らかに彼のスポーツ人脈で固められていた。

ＮＷコーポレーションの株主は、次のとおりだった。

旧コクド社員持株会　三七・〇八％

堤義明　三六・〇六％
旧コクド役員持株会　一一・一五％
山口弘毅　一・八六％
三上豊　一・七六％
高輪スポーツ　一・三八％
横尾彪　一・二九％
大野俊幸　一・〇〇％

NWコーポレーションに対する表向きの説明では、「持株会社」とは呼ばず、西武ホールディングスの「一株主」ということになっていた。たしかに西武ホールディングス株の一五パーセントを保有するにすぎなかったが、事実上の持株会社というほかはない。

西武ホールディングス（資本金五〇〇億円）への出資は、当初旧西武鉄道株主など約四〇パーセント、サーベラスなど約四五パーセント、NWコーポレーション約一五パーセントとされていたが、NWコーポレーションこそが名前を変えた旧コクドであり、ここを通じて堤義明が西武ホールディングスを支配することができる仕組みになっていた。

西武側では、NWコーポレーションを堤支配をなくすための存在と説明していたが、いま一つ説得力に欠けていた。なにかと策をめぐらせては、堤義明の影響力を温存させるのが目的のように思われた。

ただ、世間では西武が堤家の財産であること自体が悪いことのように思われていたが、それは正しくない。それを否定するなら、株式会社そのもののあり方から問い直す必要があるはずだろう。

第三章　堤一族、宿命の反目

決定的な反目

西武再建劇の問題点を探っていくと、その根源的なところで、堤兄弟のあいだに長年蓄積されてきた「反目《はんもく》」に突き当たる。

なぜ堤清二《つつみせいじ》がセゾングループから去り、堤義明《つつみよしあき》がいまの立場に立つことになったのか。それだけではない。義明の実弟である康弘《やすひろ》と猶二《ゆうじ》のそれぞれがおかれている現状にも目を向けなければならない。

七〇年代から八〇年代にかけて、さまざまなジャーナリストたちが、清二vs.義明のことを取り上げ、両者を賛美してきた。

人間勢いがあるときは持ち上げられるが、いったん坂道を転げ落ちだすと、とたんに引きずり下ろされる。ダイエーの中内㓛《なかうちいさお》、ライブドアの堀江《ほりえ》貴文《たかふみ》、古くは来島《くるしま》どっくの坪内寿夫《つぼうちひさお》……。生涯にわたって賛美された人物は少ない。松下幸之助《まつしたこうのすけ》、本田《ほんだ》宗一郎《そういちろう》、井深大《いぶかまさる》ぐらいのものだろう。

堤清二はかつて流通の旗手《きしゅ》ともてはやされ、堤義明もリゾート王と持ち上げられたが、二〇〇四年の西武騒動後は、両者とも過去の人とみなされるようになった。清二と義明は、互いに張り合って、ともに倒れた感がある。

父である堤康次郎《つつみやすじろう》の時代には「東急vs.西武」といわれたが、それがいつしか「西武鉄道vs.西武流通（セゾン）」といわれるようになった。世間は、両者を対立させて喜んだ。異母兄弟の対立はマスコミ受けした。

もともと両者の事業分野はライバル関係にはなかった。堤義明の仕事上のライバルは、相変わらず東急グループの五島昇《ごとうのぼる》であり、堤清二のそれはダイエーの中内であった。

それが、なぜ清二vs.義明に変貌してしまったのだろうか。

周知のとおり、西武グループの本体を事業継承したのは義明であり、清二は自ら流通事業を拡大させたが、両者の対立は、それぞれの事業分野での棲み分けが崩れたことに起因していた。相互の紳士協定は、昭和四五年（一九七〇）、父・康次郎の七回忌法要の席で結ばれていた。

もっとも、昭和三九年（一九六四）に死去した康次郎の葬儀のときに、喪主の座をめぐって紛糾《ふんきゅう》した前歴がある。五〇年以上も前のことなので、当時を知る人はあまり多くはないが、世間では、康次郎の後継者は清二だと思われていた。

このとき清二は三七歳、事実上、西武百貨店の経営をまかされていたのに対し、義明はまだ三〇歳、「無名」の存在だった。ただ、生前に康次郎から「後継指名」を受けていたのが義明だったので、話はそう単純ではない。

ただ、清二自身は生前の父に対し、自分には西武を継ぐ意志はなく、むしろゼロからスタートしたい、との意向を伝えていたという。

ただ、両者の側近たちの思惑から、グループ内が清二派と義明派に二分され、双方が喪主としてそれぞれを推しあうことになった。その決着がつかないまま一週間以上が経過するという異常事態を演じた。

結果的に清二が喪主を辞退したことで義明に決まったが、両者の反目の歴史は長い。

康次郎の七回忌法要のとき、義明は清二に対し、資産がない流通グループに国土計画（のちにコクド）系の肥料メーカーであった西武化学工業（現・朝日工業）の不動産部門を資産分割している。

清二の借り入れの債務保証を自分に求められてはたまらないという義明の思惑から、資産を与えて資金的に分離させるのが狙いだった。

これが西武都市開発であり、清二はここを足がかりに観光事業という義明のテリトリーに進出するようになる。ところが順調には進まず、八ヶ岳でのリゾート経営に失敗して七〇〇億円の負債をつくった。このときは国土計画から専務の石田正為が再建のために出向するなど、義明も支援をしている。

清二はその後も、沖縄のオリオンビールとの合弁でホテル西武オリオン（現・ホテルロイヤルオリオン）を開業するなど、意欲を示し、さらに成城高校時代の知人が経営する横浜の太洋不動産興業の再建のために、西武都市開発と合併させて、そこで誕生したのが西洋環境開発である。

　太洋不動産興業が逗子マリーナなどの海洋リゾートを手がけていたことなどで、清二も次々と海洋リゾートを展開し、葉山マリーナを買収するなどしている。

　このときはまだ、義明のリゾート事業がおもに山岳リゾートであるのに対し、清二は海洋レジャーを主として、棲み分けができていた。

赤字のコクド、プリンスホテル

　ところが、北海道サホロリゾートではスキーリゾートに進出、さらに都市ホテルにも進出し、東京・飯田橋にホテルエドモントを開業（現・JR東日本ホテルチェーン）、さらに買収したテアトル東京の跡地にホテル西洋銀座をオープンさせるといった具合に、両者のテリトリーがしだいに交錯するようになった。

　このときすでに義明のもとを去った猶二が、清二のもとでホテルのグランドデザインを担当していた。猶二の専門はホテル事業であり、東京プリンスホテルの開業や高輪プリンスホテルの設計を手がけている。旧プリンスホテルは西武鉄道ホテル事業部から分離独立したものだが、その社長を務めていた。

　しかし、長兄の義明とは折り合いが悪く、その仲裁で、次兄の康弘までが苦労させられることになる。

猶二はアメリカ留学経験があり、英語が堪能。西武百貨店がロスアンゼルスに出店、そして撤退した際には、猶二が活躍を見せている。彼は兄弟の中でもっとも国際人だ。

一時、アメリカ人女性と結婚しており、相手は当時ユナイテッド航空役員、ウェスタンインターナショナルホテル（現・ウェスティンホテル）会長リンポールヒメルマンの娘である。

このとき義明が猛反対して、結婚式も出席しなかったが、異母兄の清二が出席するなど、以前からギクシャクしていた。

義明の反対理由は、「堤家に外人の血は入れない」。

猶二はプリンスホテル副社長に降格され、まもなく退社して清二のもとに移っている。

猶二のキャラクターからして、清二との相性のほうがはるかに勝っていた。ともに知性派で、体育会的人間関係を好む義明とは水と油の関係だったからだ。こうした経緯から、猶二は清二派閥の人間になっていった。

義明のすぐ下の弟・康弘は、兄を批判しつつも西武鉄道直系の豊島園社長を務め、西武バス、西武ハイヤー、西武運輸の役員もしていたが、その後、解任されている。

堤兄弟には、その出自とは別に、義明 vs.他兄弟という構図が昔からあった。堤清二は自らの才覚でセゾングループを築いたが、康弘、猶二はほとんど財産を相続していない。二人は西武の企業で働いたが、一介《いっかい》のサラリーマンにすぎなかったし、最後には追放されている。

たとえ義明が支配していても、コクドが堤家の財産でありつづけるなら、彼らも我慢できただろう。不本意ながらも西武を義明に委《ゆだ》ねてきたが、その義明の失策によって堤家の財産が流出し、第三者に渡ってしまうかもしれないとなったら、当然ながら黙ってはいられるはずがなかった。

二〇〇五年九月に提訴したコクド株所有権確認訴訟の裏には、そうした事情があったのである。父・康次郎は生前、堤家の財産が散逸することをもっとも心配していたが、その遺志を守るために起こした猶二たちの行動には、世間はあまり注目しようとしない。

堤清二の観光レジャー事業への進出は、海洋レジャーからはじまったものだが、それに対抗したとしか思えない義明の行動がある。

従来、「雪」に特化していた義明の事業が、ある時期を境にして「海」に向けられるようになったのだ。

伊豆箱根鉄道による海上ホテル、ホテルスカンジナビア（沼津・三津）、横浜・八景島シーパラダイス、九州・宮崎の日南海岸南郷《にちなんかいがんなんごう》プリンスホテルなどである。

また、清二・猶二連合がアメリカの大手ホテルチェーン、インターコンチネンタルを傘下におさめたのと軌《き》を一《いつ》にして、義明はプリンスホテルをシンガポール、マレーシア、ハワイに進出させている。

これらの事業展開は、だれの目にも、兄弟による無益な覇権争いにしか映らなかった。

その結果、セゾングループは巨額の負債から崩壊し、コクド、西武鉄道はプリンスホテルの拡大で、コクドは負債超過におちいっている。二〇〇五年三月期のコクドの業績をみても、それがわかる。

営業損益　▲一〇七億円
経常損益　▲一四六億円

一方のプリンスホテルは、
営業損益　▲一億円
経常損益　▲四億円

すべてに▲印（赤字）がついていた。両者とも株が未公開なので一般には流布しない業績だったが、結果は示したとおりであった。

それがすべてとはいわないまでも、セゾングループのリゾート事業展開を意識した拡大策の結果と受け取られてもしかたがなかったろう。

むろん貸し手である銀行の責任も大きかったはずだ。明らかにコクド、西武のもつ土地資産を過大評価し、堤義明の経営能力、政治力を盲信した結果だったといえよう。西武百貨店が多店舗化路線で失敗したのと同様、プリンスホテルも同じ道をたどったようにみえる。

いまから三〇年以上も昔になるが、ジャーナリストの和田進と話したとき、彼は西武の二頭政治がいずれ破綻を招くと危惧していたが、その予測が的中したことを示していた。

清二も義明も互いの事業分野に力を集中させていたら、西武はもっと違っていたと思う。悪い形で兄弟間の競争心が露呈してしまった結果が、その後の状況をあらわしている。

セゾングループも流通事業に専念すべきだった。グループ内の不動産開発会社である西洋環境開発が明らかに流通事業の重荷になっていたからだ。ダイエーの破綻とよく似て、多角化経営の落とし穴が見え隠れする。

イトーヨーカドーを母体とするセブン&アイホールディングスは流通事業の枠の中で拡大してきた。そこがダイエーやセゾンとの違いである。

また、コクド、西武にも本業が定まっているとはいえない状況があった。鉄道事業を核として発展してきた他の私鉄と異なり、観光レジャーに資本を注《そそ》ぎすぎていた。資本の選択と集中がうまくできていなかったことが、長く続いた減速経済で、すっかり疲弊し、体力を弱らせてしまった。

清二も義明もともに勝者にはなれなかったが、それが彼らに共通した宿命のようにも思われる。

かつて西武では「清二、義明以外は従業員」といわれ、康弘も猶二もその状況に甘んじてきた。

とくに猶二はホテル経営のセンスに恵まれているだけに、いまでも残念な気がする。

彼が設計した高輪プリンスホテル（現・グランドプリンスホテル高輪）がプリンスホテルの中でもっともシックで品がいい。奇抜なところがなく、ゆったりと落ち着けるホテルだ。猶二を引き続き重用していたら、プリンスホテルのグレードはいまよりずっと高くなっていたに相違ない。新宿プリンスホテルの出店で、プリンスホテルのブランドイメージが崩れてしまったが、これについては次章で触れよう。

二人の「長男」と「母親」の問題

清二と義明の宿命とは、二人の生い立ちや育った環境に由来する。

この二人は、互いに事実上の「長男」である。堤家には長男が二人いたと考えればわかりやすい。そこに堤家特有の事情があった。

表向き、堤康次郎の子どもは、五男二女ということになっている（家系図参照）。あくまでも「表向き」ということであって、「正式に」でもなければ、「正確に」でもない。康次郎の女性遍歴はつとに有名であったし、堤一族の血縁関係については、二〇〇四年以降の一連の西武騒動に関する報道の中で、憶測や虚偽も含め、おもしろおかしく書かれまくったことなので、ここでそれを繰り返すつもりはない。

堤一族　家系図

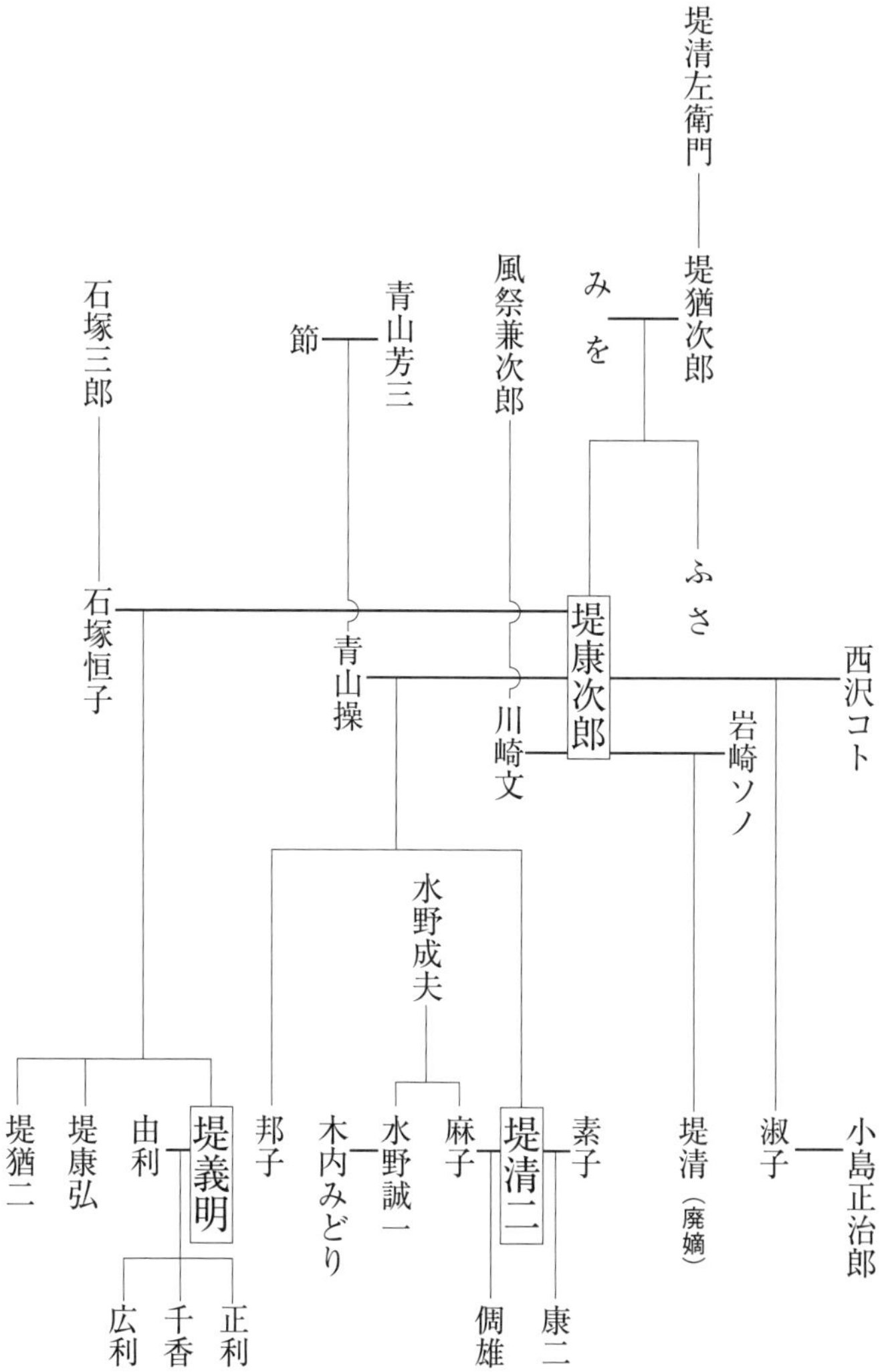

堤清左衛門
堤猶次郎
みを
ふさ
風祭兼次郎
青山芳三
節
石塚三郎
石塚恒子
青山操
堤康次郎
川崎文
岩崎ソノ
西沢コト
水野成夫
堤猶二
堤康弘
由利
堤義明
邦子
木内みどり
水野誠一
麻子
堤清二
素子
堤清
（廃嫡）
淑子
小島正治郎
広利
千香
正利
偶雄
康二

実際、気持ちのおもむくままに女性と関係し、あちこちに子どもをもうけていて、その正確な数は、本人にもわかっていなかったようだ。

生涯に入籍した女性は三人だったが、清二の母親ということになっている操《みさお》（旧姓・青山《あおやま》）とも、長らく内縁関係にあった。

操が清二の「母親ということになっている」とは、じつは清二自身も口にしていたことで、こうもいっていた。

「戸籍上、母親となっているから、そうなんでしょうね」

私の記憶では、清二は操のことをいつも「あの人」といい、彼の口から「母親」という言葉を聞いたことがなかった。お手伝いさんたちの証言でも、清二が操に向かって「お母さん」と呼びかけたのを聞いたことはないという。

清二には邦子《くにこ》という妹がいて、二人とも康次郎の子に間違いないが、清二は操の姉が、操の妹が、それぞれ産んだ子であり、それを操が自分の子として育てている、といわれていた。

そのへんのたしかな事情を清二が幼少のころから知っていたかどうかはわからないが、少なくとも思春期のころにはそうした「噂」を耳にしていて、それが彼の人格形成になにがしかの影響を及ぼしていただろうことは想像に難くない。

清二が妹や操とともに、新築したばかりの港区広尾の堤邸で暮らすようになったのは一三、四歳のころ。操が入籍して正式の妻となったのは、同居してから一三年ほどたったころだった。

きっかけは昭和二八年（一九五三）、政治家・康次郎が衆議院議長に選任されたことだ。

皇居で行なわれた認証式に、同居していた操を妻として同行したのである。彼としては彼女を正妻として扱っていたから、ごく当たり前のつもりだったが、これが思わぬ波紋を呼んだ。

「天皇陛下の御前にお妾《めかけ》さんを連れていくとはなにごとか」と。


当時の戸籍上の妻は文《ふみ》（旧姓・川崎《かわさき》）といって、明治時代の女性としては珍しく、女子大出の才媛、大隈重信《おおくましげのぶ》の秘書を務めたあと、ジャーナリストとして活躍していた。

彼女の知識や人脈、あるいは地方の素封家だった文の実家の資産等が、事業をはじめたばかりの堤には大きな助けになったようだ。ただ、二人のあいだには子どもが生まれなかった。

堤康次郎はまだ十代のころ、故郷で西沢《にしざわ》コトという女性と結婚し、一女をもうけていた。それがおそらく康次郎の第一子（長女）で、淑子《しゅくこ》という。最初の結婚はすぐに終わってしまったが、康次郎は上京後に小学生だった淑子を引き取り、子どもを産まなかった文が面倒をみて育て、のちに西武鉄道の社長となる小島正治郎に嫁がせている。

堤康次郎が操、清二らと同居するようになってからは、文は別邸での一人暮らしで寂しい境遇だったようだ。もっとも、それまでの清二たちの東京・三鷹での生活にしても、康次郎から与えられるわずかな生活費だけが頼りの貧しいものだったという。

衆議院議長就任の翌年、康次郎と文との離婚が成立したことで、操は正妻の地位を獲得することになったが、それ以前から、康次郎にはもう一つの「家庭」があった。

堤康次郎が衆議院議員に初当選したのは大正一三年（一九二四）のことだったが、そのときに同じように初当選した人に、新潟県選出の石塚三郎がいた。歯科医師界の第一人者で、若いころ、高山歯科医学院でともに学んだ野口英世《のぐちひでよ》とは終生の友であった。国会議員としては、歯科医師法の制定に尽力している。

その石塚のもとで、女子専門学校に通いながらお茶汲みなどをしていたのが娘の恒子《つねこ》。石塚とは仲がよく、彼の事務所に頻繁に出入りしていた康次郎の目にとまらないはずがなかった。

広尾の家から五〇〇メートルぐらいしか離れていない麻布《あざぶ》高樹《たかぎ》町《ちょう》に所有していた別邸に恒子を住まわせて、三人の男子をもうけた。

義明（昭和九年）、康弘（昭和一三年）、猶二（昭和一七年）である。

故郷の滋賀県から上京した堤康次郎は、早稲田大学で学ぶかたわら、株で儲けた金で営業権を買って、郵便局を経営していたことがある。

大正二年（一九一三）、そこに事務員として働いていた岩崎《いわさき》ソノに産ませた清《きよし》が、堤康次郎の長男である。

東京帝国大学経済学部を卒業した秀才の清を、康次郎は自分の手元で経営者として育てようとしたらしい。ところが、母親の不用意な発言がもとで廃嫡《はいちゃく》とされ、後に滋賀県の近江鉄道社長に就任したが、一族のもとから去っている。

義明の「孤独」と清二の「自由」

さて、清二と義明に話を戻そう。

経営者としては、二人とも協調型の性格ではなく、独走型だけに、守りに弱いところがあった。ともにバブル後の減速経済のもとでの経営には向いていなかった。

そういうときこそ、それを補佐する側近が必要なのだが、自分以外は「その他大勢」としか認識できない独走型の性格ゆえに、ナンバー2の存在を嫌う傾向が強かった。

ワンマン経営者の周囲には、「茶坊主」しか集まらない。逆に有能な人材を遠ざけてしまうところがある。これはワンマン型経営者に共通する性癖で、なにも清二や義明にかぎったことではないし、彼らもその例に洩《も》れなかったというだけの話である。

では、なぜ義明は孤立したのか。

それが性格だといってしまえばそれまでだが、早くからことのほか父・康次郎からきびしい教育を受け、経営者になるべく育てられたのは、兄弟の中でも義明一人である。

「会社の運命を左右する重大なことは、おまえ一人で決めろ。だれにも相談するな。そこそこのことは役員会にかけろ。どうでもいいことは部課長にまわせ」

康次郎がよく口にしていた言葉で、義明はこの教えを忠実に守った。ワンマンとか独裁者などとレッテルを貼られた裏には、こうした康次郎イズムが存在していた。

彼が他人に意見を求めない理由も、兄弟すら遠ざけ、友人もつくらないのも、これと深い関係があろう。おそろしいまでの孤独に耐えた、きびしい人生であったと思わずにはいられない。

堤清二には自由があった。小説を書くことが、鬱積《うっせき》した気持ちの捌《は》け口にもなっていた。晩年にいたって、作家・辻井喬《つじいたかし》の目で、事業家・堤清二を自己分析していた。自己を完全に客体化して語れるところに、義明にはない彼らしさがあった。

「戸籍上」の母・操は詩人であり、大伴道子として一〇冊近い詩集を刊行している。清二の辻井喬もいくつかの詩を書いている。三〇年以上前、彼の「白馬《はくば》」と題する詩を読んだ記憶がある。とてもロマンティックな側面を感じさせるものだった。

清二も義明も二人ともきびしい人生であった点は同様だが、心の遊び場をもっていた点で、清二は救われていたと思う。

その二人が事業の上で長年にわたって反目を続けなければならなかった事情ゆえに、西武グループは危機を迎えなければならなかったといえなくもない。その意味では、堤家の西武の崩壊は、「内部崩壊」であり、自壊ともいえた。

鉄道グループとセゾングループが相互に補完しあって運営されていたら、双方の過大投資は抑制できたはずである。

事業経営は理性でするものだが、実際にはそううまくはいかない。結局のところ、二人は感情に支配され、大局《たいきょく》を見失ってしまったようだ。

堤康次郎亡きあとの女帝

堤康次郎が没して二〇年後の昭和五九年（一九八四）、清二の「母」操が、七六歳の生涯を閉じた。

清二らを連れて広尾の堤邸に暮らすようになってからは、操は「女帝」のごとく振る舞った。堤邸を訪れる政財界の大物たちを接待するのも彼女の役目だった。

康次郎の代、西武グループの最高意思決定会議「火曜会」が堤邸で開かれていた。この席にいつも出席していたのは、康次郎のほか、操、義明、清二、小島正治郎（長女・淑子の夫、西武鉄道社長）の五人、それにグループの法務を担当していた中嶋忠三郎《なかじまちゅうざぶろう》。そのときどきの懸案を抱えていた担当責任者らが加わっていたことがあったが、その席でのナンバー2は操だった。

康次郎の死後一〇年間は、後継者の義明がまだ若かったこともあり、彼女がグループ全体に指示を出していた。義明をないがしろにすることはなく、義明も操を立てていたようだ。

康次郎が死んだとき、操は正妻、義明は側室の子である。しかし、彼女は、康次郎の後継者として「わが子」清二を強く推すということもなかった。

内心はわからないが、私たちの印象では、彼女は清二、義明の反目には、超然としていたような気がする。

死去する前、ガンを患っていたことは私も知っていたが、そんな様子はおくびにも出さず、気丈に振る舞っていた。

清二が有楽町に開店させた有楽町西武のオープンセレモニーでも、きらびやかな衣装で笑顔を振りまいていた。私もその場にいたが、とても元気な様子で、それから一ヵ月かそこらで亡くなってしまうなど、思いもしなかった。

操の葬儀は、彼女の「派手にしないように」との遺言にしたがって、広尾の自宅でひそやかに行なわれた。遺骨は鎌倉霊園の康次郎の墓所のかたわらに納められた。

清二と義明の不仲を心配していたのは、むしろ義明の母・恒子だった。

操の死を契機に、なんとか二人を仲直りさせたいと考えたらしい。おそらくそのための話し合いではなかったかと思うが、赤坂プリンスホテル経営の料亭（「弁慶橋　清水」）で、親子そろって会食をした。

もちろん、二人の間にどんな話し合いがあったかはわからない。なにかショックを受けるようなことがあったらしく、その場で恒子は昏倒、慈恵医大に搬送された。しかし、二、三日後に帰らぬ人となった。くも膜下出血だった。

恒子の死は、操の死からわずか八日後のことだった。

第四章　プリンスホテルの失敗

「一・五流」ホテル

二〇〇六年二月一日、コクドを吸収合併して誕生した新生プリンスホテルだが、西武鉄道のホテル事業から分割・統合することで、従来の複雑な経営形態から形式上はすっきりした。

ただ、問題はその中身である。

西武が都市ホテルをプリンスブランドではじめたのは一九五三年の高輪、麻布プリンスホテルからだが、後者は現存しない。

本格的なものは一九六四年開業の東京プリンスホテルだが、概してプリンスホテルは「一・五流」といわれる存在であった。建物や設備はともかく、広大な敷地に木々に囲まれて建つホテルのイメージにその魅力があった。

東京プリンスホテルに関しては、個人的な思い出がある。

私は生まれてすぐ神戸の名家の養女に出された。

だから、子どものころは芦屋に近い岡本というところに住んでいた。

そのうち、学校に通うようになってからは、東京・大田区の実家で暮らすようになり、神戸の親に顔を見せるために、月に二度ぐらい、帰るというか行くというか、東京と関西を往復する生活を送ることになった。

幼い子どもには大変なことだったのではないかと思うのは大きな間違い。私は小さなころから電車が大好きで、いまでいう「ノリテツ」。そうした生活が楽しくてしかたがなかった。長じて鉄道と航空の専門家になったのも、自分としては自然ななりゆきだった。

高校は横浜のインターナショナル・スクールに通っていたが、いわゆる六本木族の流れで、飯倉のキャンティあたりに入り浸り、友だちと遊びまくっていた。

遊んで夜遅くなると、大田区まで帰るのが面倒になる。そこで東京プリンスホテルに宿泊し、翌日は、東京プリンスホテルからそのまま横浜の学校に通うという、高校生活を送っていた。

もちろん当時は、東京プリンスを建設する際に、のちに記すような問題を起こしていたという事情など知るよしもなく、周囲の環境も含め、「落ち着ける場所」という認識しかなかった。

それから約五年後、一九七七年に開業した新宿プリンスホテルは、なんとも異質に見えた。従来にないプリンス初の駅ビルホテルである。場所も新宿歌舞伎町、西武新宿駅の直上。

私は当初、「プリンス」の名称ではなく、セカンドブランドを名乗るとばかり思っていた。たとえば「新宿西武ホテル」とか。それほど異質だった。

この新宿出店を皮切りに、品川、サンシャインと中級クラスを次々にオープンさせていくが、ブランドはすべて「プリンスホテル」である。

この時点でクラス分けしたネーミングを考えるべきだったのに、やっとそれを実施したのは、西武再編後のことである。

堤義明《つつみよしあき》のホテル事業としての集大成ともいえる、二〇〇五年四月に開業した東京プリンスホテルパークタワー（現・ザ・プリンスパークタワー東京）だが、これが大方の予想どおり、あまりパッとしない。

それを裏づける数字がある。二〇〇五年五月から一二月までの客室稼働率が四二パーセント。平均客室単価が二万二〇〇〇円で、これは当初ライバル視していたパークハイアット東京（五万一〇〇〇円）の半分以下である。

都内の超一流クラスと比較できるようなホテルになっていない。「しょせんはプリンスホテル」の一軒にすぎない。

近年、都心には陸続《りくぞく》と世界の名門ホテルが顔をそろえている。マンダリンオリエンタル、コンラッド、ペニンシュラ……。

一方で、老舗《しにせ》のホテルオークラ、帝国ホテル、パレスホテルがあって、その牙城《がじょう》をプリンスホテルが攻めてみても攻略はむずかしい。

料理に疎い堤義明

プリンスホテルでは、過去にも超一流を狙って失敗に終わった前例がある。一九八三年にオープンした赤坂プリンスホテル新館がそれだ。

外国からの賓客が宿泊する迎賓館担当をホテルオークラ、帝国ホテル、ホテルニューオータニのいわゆる「御三家《ごさんけ》」が持ち回りでやっていたが、そこへ入り込む計画であった。ところが、一九八七年八月に食中毒を出してしまい、超一流の仲間入りはあえなく不発に終わった。

ホテル業界では、「プリンスホテルで使用する食材は、仕入れコストを抑制している」とささやかれていた。堤義明はこう述べていた。

「私は料理に口出ししないんです。ちょっと味がヘンだと思っていっても、コックから、体調のせいでは、といわれてしまいますから」

彼は数字にしか興味がなく、料理の味を批評する自信がないようだった。

料理に定評があるホテルオークラの名誉会長だった野田岩次郎は、小野正吉を自ら発掘して総料理長に迎えた。

「私は帝国ホテルに頭をさげてコックをもらい受けたくなかったのですよ。それで自ら腕のあるコックを探したわけです。レストランアラスカにいた小野君にめぐり合ってきてもらったんです」

そう話していたが、彼は小野を連れて世界中を食べ歩いたという。野田はもともと商社マンだったが、世界各地で宿泊するときには、その都市の一流ホテルを利用していた。その経験が役立ったようだ。

一流ホテルのトップは、料理に精通していないと務まらない。ホテルは建物だけで勝負しても、勝者にはなれない。私自身の体験でも、プリンスホテルのスタッフには信じられないような悪いイメージの思い出がある。

赤坂プリンスホテルのレストラン「ル・トリアノン」でソムリエにワインの説明をさせたところ、平然と「赤ワインでございます」と答えたのだ。そんなこと、色を見れば素人《しろうと》にもわかる。重ねて産地、銘柄、ぶどうの種類、ボデーなどを問うてみたが、答えにつまってしまった。

こうしたスタッフが一人でもいれば、そのホテルは一流からはずれてしまう。内装に凝《こ》り、派手なシャンデリアでもぶら下げておけばそれでこと足りると思っているようでは、お話にならない。マニュアルだけで対応するやり方では、ファミレスと変わらない。プリンスホテルにはそうしたものを感じてしまう。

フロントで客とのトラブルをよく見かけるのもプリンスホテルだ。

堤義明はけっしてホテルのプロではない。建物をつくることは好きなようだが、その運営には関心がないらしい。

プリンスホテルの中で比較的好調なところは、品川プリンスホテルのような大衆ホテルが多い。そのクラスのホテルは、マニュアルで対応しやすく、客も高度なサービスを要求しない。

そのクラスで人気があるプリンスブランドが超一流ホテルを運営するには、どだい無理がある。

団体ツアー客御用達のイメージが強く、客室単価が低い理由もそこにある。

レジャーの大衆化を先取りしたが

堤義明はマスの人であり、いつも最大公約数をターゲットにしていた。良くも悪くもホテルを大衆化した人だったといえる。

堤義明の母校・早稲田大学に観光学会というサークルがある。

設立は敗戦後まもないころというから、その歴史は古い。学生時代、堤はそこに所属して、中心メンバーとして活躍、学科の勉強より、そちらの活動のほうに熱心だったともいわれる。

そのサークルには、のちに堤の側近となる山口弘毅《やまぐちひろよし》（プリンスホテル社長）、三上豊（コクド社長）、戸田博之《とだひろゆき》（西武鉄道社長）らも所属していた。実家で旅館を経営していた小渕恵三《おぶちけいぞう》元首相も同時期のメンバーだった。

堤義明が学生時代に立案、実現させた大磯ロングビーチや軽井沢スケートセンターの発想もレジャーの大衆化を先取りしたもので、その意味では、高度経済成長期からバブルのころまでは、時代をつかんだアイディアマンだった。

ただ残念なのは、その成功体験が忘れられず、停滞経済期にいたってもそこから抜けられなかったことだ。

東京プリンスパークタワーも、本来なら海外の高級ホテルに業務委託すべきだった。プリンスブランドでは先が見えているのに、堤義明の思考がなぜそこに行き着かなかったのか、いまでも不思議でならない。

前記したように、実弟の堤猶二《つつみゆうじ》との不仲が、西武のホテル経営にとって、大きなマイナス要因となってきたと思う。

義明はそれを百も承知のうえで、自分の考えどおり経営してきたのだろう。猶二の才能が目障りだったのかもしれない。

ディベロッパー的発想の限界

プリンスホテルは西武という企業の体質をもっともよくあらわしている。ディベロッパー的発想で建てたものが多く、一九七七年以降はそれが目立つ。

日本において、都市ホテルがビジネスになるようになったのは、一九六三年に開業した東京ヒルトンホテルからだとされている。システムが従来の月単位から日単位になり、予算即決算となった。それまでの「水商売」から、れっきとした「ホテル経営」に進化した。

ヒルトンを誘致したのは東急だが、その経緯を五島昇《ごとうのぼる》は次のように語っている。

一九五〇年代、先代の五島慶太《ごとうけいた》のもとに日産コンツェルンの鮎川義介が持ち込んだ話らしい。

「鮎川さんがアメリカのヒルトンが東京へ出たがっているといってきた。その話を受けて、ウチ（東急）が持っている赤坂の星ヶ岡茶寮の場所にホテルを建ててヒルトンに業務運営を委託するという契約で、アレ（東京ヒルトンホテル）をつくったんだよ」

五島昇はヒルトンの創立者であるコンラッド・ヒルトンのホテルビジネスに関心が強く、自ら訳して『ホテル王ヒルトン』という本まで出版したことがあった。

このヒルトン流の近代的ホテル経営を学ぶことで、東急ホテルチェーン（現・東急ホテルズ）が運営された。

こうしたテキストが西武のプリンスホテルにはない。かつて堤猶二がアメリカのウェスタンインターナショナルホテルとの提携話を持ち込んだときには、義明は筋違いにも猶二の「乗っ取り」を心配していた。

西武の社風は昔から、自主独立ならぬ「自主孤立」路線であった。閉鎖循環する理由がそこにある。これは先代の康次郎の一つの特徴になっている。

その路線の延長上に、義明流の経営があった。プリンスホテルの低迷は、経営近代化の遅れに原因があったといえよう。

堤系企業が最初に手がけたホテルは古く、一九二三年に軽井沢ではじめたグリーンホテルである。「ホテル屋」としての歴史は長い。

しかし、そのすべてが、ホテルビジネスが目的ではなく、自社で開発したリゾート事業の付属施設である。箱根の湯の花プリンスホテル、芦ノ湖畔蛸川温泉　龍宮殿、伊豆の大仁ホテル、西熱海ホテル（二〇〇六年閉館）などがそれに相当する。

プリンスホテルの一号店は一九五〇年オープンの軽井沢プリンスホテルだが、リゾート施設からホテル業を起こしている点にその特徴がある。先代の堤康次郎《つつみやすじろう》にホテル業を本格展開する意思はなかったらしい。

戦後になって入手した都心の物件がそれを物語っている。投資らしい投資をいっさい行なわず、既存の個人宅を改修した上でホテルに転用していた。

現在、フィンランド大使館になっているが、そこに建っていた麻布プリンスホテルは、旧藤田男爵の屋敷を利用した三〇室ほどの平屋のホテルだった。後年、六本木にあったフィンランド大使館と土地を交換して建てたのが、六本木プリンスホテル（現存せず）である。

複雑なホテル用地の買収

一九六四年開業の東京プリンスホテルが本格的大型ホテルの第一号店だが、これは東京オリンピックを控え、ホテル不足解消の名目で、吉田《よしだ》茂《しげる》から堤康次郎が要請を受けて建てたものだ。

本来はホテル建設が認められない風致地区内に特別認可を受けて建てたのだが、隣接する増上《ぞうじょう》寺《じ》とのあいだで、歴史的墓地の破壊や土地境界をめぐる紛争を発生させている。

あそこはもともと増上寺の土地を挟んで、両側が徳川家の所有地だったが、明治になってから、廃仏毀釈《はいぶつきしゃく》政策によって増上寺の土地がすべて国に召しあげられ、のちに返還されるという経過をたどっている。そのため、増上寺と徳川家、さらに国有地が入り乱れ、境界線も曖昧なところがあった。

しかも、敗戦後の混乱期、徳川家の土地に引揚者や戦災で家を失った人たちが不法にバラックを建てて住んでいた。

堤康次郎はなにかしらの揉《も》め事《ごと》を抱えている物件に目をつけ、安い価格で買収するということを常套《じょうとう》手段としていた。増上寺周辺の物件も安値で買い取り、あの手この手を駆使して不法占拠している人たちを追い払った。

これに対して東京都は、風致地区をきれいに「お掃除」してくれたとかで、感謝したという。

しかも、ホテルの本体を建設する際には、一四代将軍・徳川家茂の正室「皇女和宮《かずのみや》」も含む徳川家の墓所を、移設を待たずに勝手にこわして、増上寺とのあいだで紛争を起こしている。それも、お彼岸の中日に断行してしまった。

吉田茂との関連では、神奈川県大磯にある旧吉田邸を、吉田の死後、西武鉄道が買収している。

また、伊藤博文《いとうひろぶみ》の別邸だった滄浪閣《そうろうかく》は、大磯プリンスホテルの所有となってからは中華料理店として利用していた。

西武にはこの手の不動産が多い。

赤坂プリンスホテル（のちのグランドプリンスホテル赤坂）は旧朝鮮の李王《りおう》邸、高輪プリンスホテル（現・グランドプリンスホテル高輪）は竹田宮《たけだのみや》邸、新高輪プリンスホテル（現・グランドプリンスホテル新高輪）は北白川宮《きたしらかわのみや》邸、品川プリンスホテルは毛利《もうり》公爵邸といった具合だ。

港区白金にある東京都庭園美術館も朝香宮《あさかのみや》邸を西武鉄道が買収の上、白金迎賓館として使用したのち、東京都に売却している。

堤康次郎は戦後、旧皇族、華族所有の不動産を軒並み買収した。買収に失敗したのは旧東久邇《ひがしくにの》宮《みや》邸（国有地）ぐらいで、これは京浜急行電鉄が買収、現在、シナガワグースが建っている。

こうした一等地にプリンスホテルは建つが、その地の利が十分に活かされているとはとうていいいがたい。

奇抜な建物をデーンと建てて集客を図っているが、本来ならスモールラグジュアリーな高級ホテルで勝負するほうが有利に思える。

大型ホテルは土地面積さえ確保すればどこにでも建つが、周辺環境を求めると、都心には良好な土地があまりない。

閑静な場所では、低層の高級ホテルで商売したほうが、他に競合相手がいないだけ有利であろう。

西武は経営資源を最適に活用できず、巨艦主義ばかりが目立つ。スケールメリットに偏重した考え方で、他との差別化に失敗し、それがプリンスホテルが一流になれなかった原因の一つにもなっている。

もっとも、東急ホテルズが実施したセグメント化は、逆の意味で不必要だったと思う。東急ホテルと東急イン（現・東急ＲＥＩホテル）の二本立てで十分だったが、そのあいだにエクセルホテル東急を入れたため、かえってイメージがつかみづらくなっている。明らかにやりすぎだ。東急ホテルは各施設間にプリンスほどの格差がみられないので、ホテルとイン（ＲＥＩホテル）で十分だろう。

堤義明の最後の事業ともいわれる東京プリンスホテルパークタワー（現・ザ・プリンスパークタワー東京）は、「バベルの塔」と陰口を叩かれたが、はたして今後どうなるか……。

プリンスホテルの弱点の一つとして、ほとんどリニューアルがされていない点が指摘できる。ロビーのトイレなどは貧弱で、七〇年代のレベルにあった（その後、リニューアル工事をすすめている）。

ホテルとしてのメンテナンスが不十分で、パブリックスペースが貧相だとそのホテル全体が安っぽく見えてしまう。

量的な拡大より質の確保のほうが重要で、不採算店の早期売却で身軽になり、重点的に資金投入することで競争力をつけていくことが求められてきた。

堤猶二のプロデュースで銀座につくられたセゾン系のホテル西洋銀座の発想がないと、東京でのホテル戦争でアドバンテージは得られないだろう。

プリンスホテルが義明流のホテル経営から脱却できるかどうかがカギで、その意識改革なくしては道は開けないだろう。

覆面部隊でも結成して、自社の各ホテルを客の目線で再検査する必要がある。従業員が客を見ずにオーナーの義明のほうばかり見ていたのが、プリンスホテルの文化だった。

第五章　堤義明の謎

相次ぐ自殺者

二〇〇四年の西武騒動勃発から翌年に逮捕されるまでの堤義明《つつみよしあき》の言動には、不可解な点が多かった。

二〇〇四年三月一日の事件発覚を受けて、四月八日に西武鉄道では、社長の戸田博之《とだひろゆき》が引責辞任することにした。そのとき、堤義明の会長留任が発表されているが、西武において堤義明の存在は、いわば旧大日本帝国憲法下での「天皇」であり、グループ内の各社の社長が「首相」に相当した。それゆえ、いかなる不祥事があろうとも、堤義明が辞任することなどまったく考えられないことであった。

そのときも、そのスキームどおりの対応で終結をはかる手筈《てはず》であったが、予想外の反響によってそうもいかなくなり、四月一四日になって堤義明が西武鉄道会長を辞任することになった。

彼にとって西武鉄道はコクドの子会社という意識だから、会長を辞してもとくに不都合はなかったからだ。

西武鉄道社長には運輸省（現・国土交通省）出身の小柳皓正が就任したが、彼は国鉄（現・JR）出身の仁杉巌《にすぎいわお》（元・国鉄総裁）についで二人目の「外様《とざま》」社長だった。

ところが、このあと次々に不祥事が明るみになり、マスコミを賑わせることになる。

プロ野球オーナー会議の席での、パ・リーグの再編問題（近鉄・オリックス両球団の合併問題）に関する堤の不用意な発言が物議《ぶつぎ》をかもす。

九月には西武鉄道株を多くの企業に勝手に売りつけていた事実が発覚した。

そしてついに一〇月一三日、有価証券報告書虚偽記載の事実を公表、堤義明はコクド会長と西武グループのすべての役員職から辞任する旨を発表するにいたった。

明らかに初期消火失敗の結果であった。

これで終わりと思っていたところ、一一月二一日、火消しに躍起になっていたコクド総務部次長の木内保が、山形県温海町《あつみまち》の海岸で水死体となって発見、話が一挙にスキャンダル化し、朝や昼間のワイドショーにまで広がった。

コクドにおける総務部は西武グループ全体を管理する中枢《ちゅうすう》であり、当然、株式の流れや実態の詳細を知る部署である。いわゆる「なんでも屋」とは異なり、管理部の性格が濃い。一連の問題で悩んだ末の自殺とみられた。

自分で自分の口を封じることで騒動の拡大を食い止めようとしての自殺かどうかは別として、そのことでコクドまでマスコミの標的にされるようになり、翌二二日、社長の三上豊が辞任を余儀なくされた。

前記したように、一連の騒動を受けてメインバンクのみずほコーポレート銀行では急遽《きゅうきょ》、西武グループ経営改革委員会（諸井虔委員長）なる社外御意見番を立ち上げ、「堤下ろし」と「資産売却」の結論ありきで発足するも、同会の示す案に堤義明が首を縦に振るはずはなかった。

コクド会長辞任直後、堤義明は側近たちに対し、「指示は出すから心配するな」と発言していたことから、経営を続ける気でいたことがわかる。当初、堤は同委員会を黙殺していた。

その後、マスコミの目を避けるかのように各地のプリンスホテルなどを転々と移動して、所在不明となる。諸井委員長も「連絡がとれず、一ヵ月も会っていない」と述べていた。

年明けの二〇〇五年一月二八日に西武鉄道の社長を辞任したあとも連日のように東京地検特捜部の取り調べを受けていた小柳皓正が、二月一九日、東京・町田市の自宅で首を吊って自殺した。二人目の犠牲者である。

このあと、諸井委員会を黙殺していた堤義明は、なぜか一転してその方針に同意の姿勢を示すようになる。

義明の本心はどこに

義明が東京地検から事情聴取を受けたのは二月二二日だったが、その段階で自らの逮捕を予測していたのかもしれない。このころから実弟・堤猶二《つつみゆうじ》らによるコクド株所有権確認請求問題が出てくる。

ただ、彼が事業のいっさいから身を引くとしきりに強調していたのが、私には妙に気になった。次々と外堀が埋められ、いよいよ内堀にまで土砂が投げ込まれたことで、「死んだふり」作戦に出たのではないかとすら感じたものだった。

二〇〇五年三月三日、証券取引法違反（有価証券報告書虚偽記載、インサイダー取引）容疑で堤義明が逮捕されたが、みずほコーポレート銀行側は、これで自分たちが再建の主導権をとれる、と思ったに違いない。

ところが、同年五月二四日に西武鉄道の社長に就任した後藤高志《ごとうたかし》の起こした再建スキームは、すでに述べたように、銀行主導による再建案ではなく、自主再建の道であった。

そのあたりに堤義明復権へのシナリオが静かに進行しているのではないかと思わせる状況が見え隠れしていた。

そこで気になったのは、西武ホールディングスの一五パーセント株主にすぎないと発表されたNWコーポレーションの存在と、今後の動向についてだった。

NWコーポレーションとはコクドが名を変えてそっくり温存された会社にほかならない。これを西武サイドは「堤支配を薄めるため」と説明していた。

では、NWコーポレーションは単なる一株主にすぎないのか、それとも実はホールディングカンパニーなのか……といった疑問を払拭《ふっしょく》することはできなかった。

ＮＷコーポレーションの収益源は西武ホールディングスからの配当だが、これが無配なら収益はゼロである。そうした会社の株主としてコクド従業員持株会が名を連《つら》ね、約三七パーセントを保有しているのは、なんとも不自然な話だったからだ。

堤義明の名義は約三六パーセントだったが、いずれ全株が彼の名義になる可能性は、いまでもけっして排除できない。

西武ホールディングスが増資先をなぜみずほコーポレート銀行ではなく、サーベラス、日興プリンシパルインベストメンツにしたかが問題で、その真の狙いが「堤義明の復権」にあるのではないかとの見方をする向きも少なくなかった。

みずほコーポレート銀行からの融資を受ければ、明らかに「堤つぶし」になる。その逆なら「復権」、という論法である。

たった一七〇億の評価

その一方で、西武鉄道を西武ホールディングスの子会社とした二〇〇六年三月完了の再編案に、堤義明が同意したという点にも疑問が呈《てい》されていた。その根拠は、増資引き受け先のサーベラスが示したコクドの企業評価だった。

コクドの発行済み株式は二〇九九株だったが、この一株値をサーベラスでは二一三九万円とみていた。義明が保有していた七五七株の値は、しめて一七〇億円。

彼がたった一七〇億円で、サーベラスに西武グループを実質売り渡すとは、とうてい考えられなかったからだ。

サーベラスと日興プリンシパルインベストメンツが算出した企業価値は、コクドが四七〇億円、西武鉄道が三九八二億円で、この評価に異論を唱えたのが堤猶二だった。彼がデトロイトトーマツ社に算出させた評価額によると、コクドが一九五九億円、西武鉄道が六七四三億円で、かなりの差があったからだ。

猶二はこの評価差を見て、サーベラス、日興プリンシパルインベストメンツによる再建案に納得できないと主張、堤清二《つつみせいじ》も義明の真意をはかりかねていた。

堤猶二は再建スポンサーとしてアメリカの投資会社ウェストブルックを候補にあげていたが、西武経営陣は、すでにサーベラスで固まっているとして、その提案をまったく相手にすることなく突っぱねた。

少しでもデューデリジェンス（資産価値）が高いほうが有利に決まっているのに、西武側が猶二の提案つぶしに躍起になっていた真の狙いはなんだったのか。

ごく普通に考えれば、堤義明による支配が続行しているから、ということになろう。そうでなければ、猶二案を門前払いする理由がわからない。

それは堤義明・後藤高志・西武が一心同体で動いている証拠であり、「猶二ら他の兄弟に西武の実権を握らせたくない」という心理が義明にあるからとしか思えなかった。

義明と二人の弟の特殊な関係

本筋からはずれるが、ここで私はふと思い出したことがあった。

義明と二人の弟、康弘《やすひろ》、猶二とのあいだの確執については、すでに記した。そのころ、二人の弟たちがよくいっていた言葉がある。ある種の冗談かもしれないが。


「義明の考えていることがわからない。おれたち、ほんとうの兄弟なのか」

「ほんとうの兄なら、おれたちになんであんなに冷たいんだ」

幼いころから、三人で一緒に遊んだことはないという。堤康次郎《つつみやすじろう》は若いころから義明を自分の後継者と見込んで、手元で特別に育てたという事情もある。義明だけは麻布高樹町《あざぶたかぎちょう》の家ではなく、代官山の別邸で暮らしていて、母の恒子《つねこ》と一緒に暮らすようになったのは、戦時中に軽井沢に疎開したときだったとも聞いている。

おもしろいことに、康弘と猶二は異母兄である清二とは仲がよく、その関係は清二が亡くなるまで変わることがなかった。廃嫡《はいちゃく》された長男はべつにして、残りの四人の男子のうち、義明だけが浮いた存在だった。

もっとも、二人の弟との関係について、義明にも言い分はあるようだ。

まだ義明が子どものころから、康次郎は彼をよく連れ歩いた。途中でビルの建築現場に出くわすと、父親はふいにこんなことを聞いたという。

「あのビルは、だれがなんの目的で建てているか、いってみろ」

義明が答えられないでいると、いきなり殴られた。

父親と一緒にお造りを食べているとき、醤油を小皿につぐのに、子どもだからどうしてもじゃぶじゃぶと入れてしまう。

「無駄なことをするな」

やはり殴られたという。

「康弘も、猶二も、そんな目にあっていない。自分だけが殴られて、我慢してきたんだ」

そのせいかどうか、義明と他の兄弟との仲の悪さにも、それぞれに微妙な違いがあるように感じる。

「絶対に友だちをつくるな」

義明と清二とは、仲が悪いといっても、面と向かって声を荒らげたりすることはない。テーブルの上で拳をつきあわせても、テーブルの下では握手をしているような、持ちつ持たれつのところがあった。いってみれば、大人同士の仲の悪さ。

それに対し、二人の弟、とくに下の猶二に対しては、もっと低いレベルでの仲の悪さである。子どものケンカに近い。

猶二は義明と違って、父親に殴られたこともなく、母親の愛情を受けながら育った。東大を出てカリフォルニア大学ロサンゼルス校（ＵＣＬＡ）に留学、英語も堪能で国際感覚を身に付けている。義明のそれとは違って、文化的、教養的な部分での人脈も豊富だ。

どうも猶二に対しては、悔しさとコンプレックスのほうが先に立つらしく、それだけに怒り方も感情むき出しで激しくなってしまうのではないか。

先に記したように、猶二が最初に結婚した相手はアメリカ人女性だったが、それに猛反対した。義明は英語ができなかったこともあり、外国人嫌いだった。

しかも、猶二がウェスタンインターナショナルホテルとの提携話を持ってきたとき、側近の讒《ざん》言《げん》のほうを信じて、プリンスホテルを乗っ取ろうとしているのではないかと邪推《じゃすい》、猶二を日本から追い出してしまった。

一方の義明にしてみれば、好きで弟たちと遊ばなかったわけではなかった。兄弟から引き離されて育てられ、いつも父親に連れまわされていたのだから、兄弟と仲良く遊んでいるヒマなどなかっただろう。

義明が父親からずっといわれ続けてきた言葉がある。

「絶対に友だちをつくるな」

残念なことに、義明にはそうした理不尽さをはね返すだけのパワーがなかった。学生時代から康次郎に反抗し、左翼運動に身を投じたり、文学にのめり込んだり、父親をさんざんてこずらせた清二との大きな違いである。

そんな清二から見た義明は、

「一度も反抗期がなく、滑稽《こっけい》なくらい従順で、凡庸《ぼんよう》だった」という。

「ほんとうの兄なのか」

廃嫡の長男も含め、ほかの四人の兄弟はいずれも東京大学を卒業しているが、義明だけ早稲田大学というのも一人だけ違っている。義明のほかの兄弟に対する接し方には、東大に対するコンプレックスが影響しているのではないかとも考えられる。

自分の周囲を体育会系で固め、自分以外の「頭脳はいらない」という言葉も、コンプレックスの裏返しかもしれない。

二人の弟が義明を「ほんとうの兄なのか」と疑った根拠がもう一つある。

堤康次郎という人は、女の子には思いついた名前を適当につけていたが、男の子には、必ず一族の血のつながりを感じさせる名前をつけていた。

長男の清《きよし》、次男の清二は、自分の祖父・清左衛門の一字「清」をとっている。四男の康弘には自分の名の一字、五男の猶二は自分の父親・猶次郎の「猶」。ところが、義明の名前に関するかぎり、堤家の家系図のどこを調べても、「義」の字も「明」の字も見出すことができず、康次郎のわが子（男子）の名前のつけ方の定石《じょうせき》からはずれているのである。

康次郎の長男、清のことは直接には知らないが、ほかの四人の兄弟をみると、清二を別にして、母親が同じ康弘、猶二は、顔つきがよく似ている。しかし、義明だけは似ていない（父親の面影はあるが）。

後藤高志の寝返り

堤義明とすれば、あくまでも西武再編の主導権を握りたかったろう。その代理人が後藤高志だったのではないか。事実、義明は後藤の西武入りを早い段階で承認している。

諸井虔らによる西武グループ経営改革委員会は設立当初、「諸井はピエロで終わる」と陰口を叩かれていた。「ピエロ」はともかく、実効性はたしかになかった。

というより、「なくされてしまった」という表現が正しい。後藤高志がみずほコーポレート銀行をソデにしてしまったからだ。

こうしたケースでは、メインバンク主導による企業再建が従来の構図である。後藤が途中から寝返ったのか、「密約」による予定調和だったのかは別にして、現実にみずほコーポレート銀行は出資を拒絶され、投資ファンドにとって代わられたという事実は否定できない。

みずほコーポレート銀行の読みが甘かったことは間違いないし、最初の「堤おろしありき」の手法にもおおいに問題があった。

大株主をさしおいて勝手に再建スキームを打ち出すやり方に、銀行の思い上がりを覚えたものだ。銀行主導で西武グループ経営改革委員会の打ち出した案は、正論であったにしても、われわれには「空論」に聞こえた。

会社はだれのものなのかがしきりに語られているが、第一義的には、明らかに株主のものである。これを否定したら、株式会社の概念が根底から崩れてしまう。「所有権」に関するかぎり、株主以外に権利者はいない。

康次郎の遺言書

従業員、利用者、取引先などは「生活権」で関わりをもつだけで、その企業の経営に参加できるわけではない。

最近のそのあたりの議論には、どうも混乱があるように見受けられてならない。

西武再編にとってまず大事なのは、コクド株主の意志である。だからこそ、真の所有権を確定する必要があるのに、それが曖昧にされてきたし、その状況はいまでも変わりない。

コクド株の名義問題については、清二・猶二による提訴以前に、二〇〇一年夏ごろから堤康弘が義明に対し、相続の再検討を申し入れていた経緯がある。もちろん猶二も同調していた。

西武における不透明さを改めるためにもっとも大切な事案は、堤家の相続問題を法にてらしてはっきりさせることであったはずだ。

西武騒動のおり、この問題について、「いまごろ堤一族がなにをいうか」という論調もあったが、明らかに冷静さを欠く感情論であった。

堤康次郎の遺言書ということでいえば、清二がその存在を知ったのは七〇歳をすぎたころだったが、母・操《みさお》の遺品の中から一通の公正証書が出てきた。そこには、自分（康次郎）が所有する全株式を清二に譲る、と書かれ、株券のナンバーまで記載されていたという。

康次郎が死んだとき、操がそれを公表していれば、いまの西武がどうなっていたかはわからないが、少なくともこんな揉め事に発展することはなかったかもしれない。

ただ、清二たちはなにも跡目《あとめ》争いの可否を持ち出しているわけではなかった。

西武騒動によって問われているのは、西武グループの組織や資産のあり方である。そこが不明朗のままでの西武再建などありえない。第三者的に見ても、そう思うのが常識である。

そうした思いから、清二は人生の終盤期にいたり、堤家の相続問題に決着をつけようとしていたのである。康弘、猶二も同調していた。

「たとえそのことによって相続税が発生し、手元に一銭も残らなくてもかまわないんだ」

猶二はそういいきっていた。

なぜ、サーベラスなのか

それにしても、私にはいまだにいくつかの疑問が未解決のまま残っている。

西武側が義明・後藤ラインで決めたサーベラス案にそれほどこだわっていた理由はなんだったのか。

コクドはなぜ、西武鉄道のデューデリジェンスを見直そうとしなかったのか。

再建パートナーの選考の際に、ダブルスタンダードがあったのはなぜだったのか。

当初、西武ホールディングスへのサーベラス側の出資比率が一〇パーセントにすぎないことから、役員の受け入れとパートナーへの西武資産の売却の拒否が提示されていた。ところが、その後のサーベラス側との契約を見ると、大きく異なっていた。

サーベラスの出資比率は三〇パーセント、日興プリンシパルインベストメンツのそれは一五パーセントで、合わせると四五パーセントに達しており、役員の受け入れも承認した内容になっていた。資産売却についても、拒否どころか、なにがしかの含みを残す内容になっていた。

ようするに、西武側にとって有利なオファーを無視して、サーベラスにとって都合のいい再建計画になっていたのである。

そもそもいかなる経緯でサーベラスと日興プリンシパルインベストメンツが西武再建のスポンサーとして出現してきたのか、その点からして、はっきりしない。かりに、そこに堤義明や後藤の個人的思惑が介在していたとすれば、企業としての西武に対する背信行為とも受け取られかねないだけに、そこにはよほど明白にできない事情があったに違いない。

堤家の脱税工作の歴史

かつて「フォーブス」誌が堤義明を世界一のリッチマンなどともてはやしたが、それは西武グループが保有する資産すべてを彼の私物と見なした結果にすぎない。義明の個人資産の大半がコクド株で占められており、ほかは会社名義だった。

当時、彼は西武鉄道株の上場廃止によって、株主から損害賠償請求訴訟を起こされるなど、苦しい立場にあった。さらに国税庁が所得隠しで調査中との話もあり、堤家「伝統」の節税対策にメスが入れられようとしていた。先行き不安な時期だった。

「節税」なのか、「脱税」なのか、いわゆるコクド借名《しゃくめい》株問題の本質は、同族課税逃れに対する嫌疑にほかならなかった。

同族課税とは、オーナー経営者が個人資産を会社名義にして隠匿《いんとく》する行為を防止するため、会社の留保金に課税するもの。これは税の公平性を目的とした措置で、同族認定された会社の各事業年度における税引き後の利益から配当金、留保金控除額を差し引き、その残額に対して一〇〜二〇パーセントの課税をする。

この同族認定を免れようとして他人名義であるかのように偽装した株が、いわゆる「借用名義株（借名株）」である。堤家ではこうした脱税工作を当たり前のように行なってきた。

コクドの前身である国土計画の発行済み株式に占める堤康次郎所有の株は、九六パーセントにのぼっていた。ところが、康次郎の死後では、コクド株に占める堤義明名義の保有率は三六パーセントに激減していた。比率はともかく、残りの株が清二ら他の兄弟にも相続されていなければならず、そこに相続税が発生するはずだった。

しかし、実際には、残りを借名株にすることで同族課税を免れてきたことは明白だった。名義貸しをした人たちがこの事実を認めれば、この脱税工作は一挙に崩れたに違いない。

裁判でコクド株における工作の事実が認定されれば、堤義明や現経営陣が、清二、康弘、猶二ら真の株主の権利を侵害したことになるからだ。

西武鉄道株でも同様の虚偽工作が行なわれていたことは、西武自身が公表したことである。

西武、コクドともに企業コンプライアンスを語る前に、こうした基本的な点をなぜ改めようとしなかったのだろうか。

そのモラル意識がまったくの砂上《さじょう》の楼閣《ろうかく》では、いかなる企業再編を試みたところで虚しいかぎりである。

間接統治の実質支配

二〇〇五年一一月二一日、一応、コクドは堤猶二を暫定的《ざんていてき》ながら株主と認める意向を示し、同月二八日開催の臨時株主総会への出席を承認した。

議長として総会を取り仕切った大野俊幸社長はじめ、山口弘毅《やまぐちひろよし》、三上豊、横尾彪ら、堤義明の側近で固められていた。堤猶二はまさに孤立無援の状態であった。

席上、猶二から、コクドに代えて西武ホールディングスを設立する意義を問われても、議長の大野は意味をなさない返答でお茶を濁すばかりだった。明確な答弁を避け、時間稼ぎをしているとしか思えない対応が目立ち、最後には体調不良を理由に退席してしまう一幕もあった。

しきりに組織再編を目指すふりをしてはいたが、新組織のメンバーが堤義明の側近で固められている以上、単なる看板のかけ替えにすぎないことは見え見えだった。

この総会の席に西武鉄道の社長についた後藤高志の姿はなかったが、そうした表舞台の背後で、義明・後藤ラインが描いた再建案が粛々と実行されていたと考えるほかはない。

みずほコーポレート銀行による堤一族排除を回避した西武＝堤義明サイドは、今度は堤義明の実弟、異母兄の排除に血道をあげることになった。とくに康弘は、突如として豊島園社長の座を追われた。

彼らにとってもっとも不都合なのは、裁判で義明の兄弟たちが真の株主に認定されることだった。逆にいえば、義明独裁体制の終焉は、司法の場で猶二らがコクドの真の株主として認められる以外にありえない話だった。

西武ホールディングスやＮＷコーポレーションの設立目的が、義明の支配力を希薄化するためというのは建て前にすぎず、本音はむしろ逆だったと思う。一段と独裁体制のための巧妙な仕掛けを作り上げようとしていたというほかない。

本命は間接統治であり、実質支配である。それが二社の存在理由だった。

西武統治の手法

株主代表訴訟を危惧して有価証券報告書虚偽記載の公表を決意した西武鉄道監査役・山田憲二の「内部告発」によって、堤義明は失脚したかにみえた。しかし、そのターニングポイントを折り返し、彼の復権への道筋がみえてきたような気がしないでもない。

一部では、嵐が完全に通りすぎてから、彼が「社主」という形で復活するのではないかという見方も出ている。社主とは商法に定められた役職ではなく、取締役としての責務もない。たとえ会社の利益を私《わたくし》したところで、特別背任罪に問われることもない。

ただ、社主として振る舞うには、実質上、その会社の株を一〇〇パーセント支配する必要がある。たとえば国際興業の小佐野賢治は、表舞台から消えたあとも、実弟の小佐野栄を社長にすえて、グループを完全支配していた。堤兄弟ではありえない話だが。

国際興業は名門の富士屋ホテルチェーンを傘下におさめるなど、観光レジャー部門が主だが、そのスポンサーが例のサーベラスであった。

その後、業績を回復させるとともに、創業者（小佐野家）一族が経営に復帰している。サーベラスは不動産保有会社が好みのようで、西武をターゲットにした理由もうなずけよう。しかも、国際興業も西武も同族企業という共通点がある。

そうした経営形態は外部資本から見た場合、攻めづらいが、落としやすい。鉄壁のガードのようにみえながら、それがいったん崩れだすと、じつにあっけない。

同族企業の多くの場合、社内に経営のできる人材がいない。オーナー経営者一人がすべてを支配している上に、社内にナンバー2を置きたがらない。西武などその典型例であった。

堤義明による支配を批判していたのは外部の人間だけで、内部ではむしろ「堤頼み」でまとまっている。そこに西武再編をめぐる内外の温度差が存在する。

後藤高志新社長も堤義明の信任があってはじめて社内運営が可能になる。役員陣が例外なく義明に顔を向けてきた。思考放棄した役員陣を、別の方向に動かすことはむずかしい。そこに猶二らの正論が拒絶される根本原因があった。

反義明派は他の兄弟たちにかぎられ、西武役員陣にそうしたものは認められない。そこに西武再編のむずかしさがある。

後藤は義明排除に動かなかったというより、そうした社内環境の中では、動こうにも動けなかったという見方もできよう。

それは、日本敗戦後に天皇制を温存させて統治をはかったアメリカＧＨＱの手法が想起される。義明を断罪し、抹殺したら、西武統治がうまくいかなくなる、との論法も否定できなかった。ＮＷコーポレーションの存在はそうした配慮から生まれたのかもしれない。

暴君なのか凡庸なのか

堤康次郎を否定して、西武は成り立たない。その康次郎の虎の威を借りてグループを経営してきた義明は、おそらく自己のカリスマ性のなさに早くから気づいていたに違いない。

一九六五年、鎌倉霊園に設けた康次郎の巨大な墓は、義明の亡父の威光をそっくり転化させるための舞台装置にみえる。その意図を見抜いてか、堤清二が鎌倉霊園を嫌悪していたのはよく知られた事実である。

鎌倉霊園　観音堂

徳川三代将軍・家光《いえみつ》は、吃音《きつおん》と容貌上の欠陥を抱え、劣等感にさいなまれて育った。その彼が日光に東照宮《とうしょうぐう》を造営することによって、偉大な祖父・家康《いえやす》を神格化し、それによって統治者としての自らの正統性を具現化してみせた。

義明はこんなことをいったことがある。

「私はいまでも襖の隣で親父が寝ていると思っている。それで、なにかあったときには、親父だったらどう考えるだろうな、と考えて行動するんです」

義明には守護霊として康次郎が必要であり、その正統後継者として唯一の存在でなければならなかった。

兄弟たちを排除するのはそのためであり、西武マンたちの人心を自己の一点に集中させることに腐心してきた。

彼の言動が部下たちに対して尊大であったのも、そうした康次郎イズムの衣をまとわなくては西武を統治できなかったからだろう。そこには彼のオリジナルはほとんどみられない。それこそが、清二との最大の相違点ではないかと私はみている。

このことを考えるとき、いつも思うことがある。

少なくとも学生時代までの義明を知る人が異口同音《いくどうおん》にいうことがある。

「あの義明が超ワンマンとか暴君なんて、とうてい信じられない。そんなやつじゃなかった」

清二もよく彼のことを「従順で凡庸《ぼんよう》」と評していた。

ほんとうに強い人間なら、なにも強面になる必要はない。やさしくて弱い性格だからこそ、表面を冷たく装う必要があったのではないか。そうした必要性から、義明は周到に計算された人心掌握術を身につけた。

康次郎から事業を継承したのち、自分のもって生まれたカラーを殺し、康次郎イズムを前面に出し、それに徹することで、小島正治郎、宮内巌、岡野関治といった康次郎の部下たちを掌握していった。そのために、ほかの兄弟たちと自己を差別化する必要があり、あえて孤立の道を選んだ。

仮面をつけて生きてきた彼の人生をみると、西武に殉職《じゅんしょく》したように感じられてならない。

二〇年以上も前のことだが、箱根プリンスホテルで財界人を集めたパーティがあった。そのとき、彼はうれしそうにカメラマン役を演じていた。その表情に私は「人間・堤義明」をみたような気がした。

彼のそうした穏やかな一面が報じられることはほとんどなかった。よくよく損な人だと思う。しかし、彼はそれをわが身に引き受けてきた。兄弟たちもそれを知っている。猶二らも、義明のいまを心配しており、ただそれを素直に受け入れられない人間関係ができてしまっていることが、不憫《ふびん》でならない。

彼らは康次郎が残した負の遺産、複雑な家族関係に、いまなお苦しんでいる。堤家の相続をやりなおして互いにラクになればいいのだが、当事者たちの感情を思うと、なかなかむずかしそうだ。

それを見ることなくこの世を去っていった堤清二の心中を推し量ると、気の毒に思う。

第六章　堤家のＤＮＡの執念

三浦半島・鎌倉の買い占め作戦

なぜ西武は不動産部門が極端に肥大化《ひだいか》したのだろうか。

その大半がホテル、レジャー施設であるが、他方、大規模宅地開発も実施してきた。とくに神奈川県三浦半島周辺でそれが目立つ。

鎌倉市《かまくらし》、逗子市《ずしし》、横須賀市《よこすかし》にまたがる三浦半島内陸部に境界が確定できていない西武所有の不動産があり、西武グループ経営改革委員会で資産査定を実施した際、その算定に苦労していた。

同地区には半島中央部を縦貫する形で横浜横須賀道路（通称・横横道路）が走っているが、これが建設される以前、西武は道路施設用地を先行取得して巨額の利益を得ている。

西武が三浦半島に目をつけたのは古く、太平洋戦争中のことだ。「コロネット作戦」、つまり米軍の本土上陸作戦の予測地として相模湾《さがみわん》が想定されていた。とくに江の島から鎌倉にかけての海岸線だ。

その情報を知った堤康次郎《つつみやすじろう》は、軍部への売りつけを意図して、当該地区の土地を先行取得しはじめたのである。現在、鎌倉七里ヶ浜周辺を中心に西武鉄道の分譲地が多くあるのは、これに起因している。

「コロネット作戦」は日本の敗戦で幻となったが、堤康次郎はそれに備えて取得した土地を、戦後の宅地ブームの中で転用して巨額の利益をあげた。

七里ヶ浜の宅地造成《たくちぞうせい》で出た大量の土砂の置き場として海浜を借用していたが、その近くに建設した七里ヶ浜ホテルの付属施設として、海浜に積み上げた残土を突き固め、波打ち際にコンクリートで護岸工事をした上で客用の駐車場を建設した。しかも、のちにその土地の払い下げを受けることで、日本では珍しい私有海岸線を手に入れている。

西武七里ヶ浜駐車場

海岸法の定めによって、一般に海浜の私有は認められていないのだが、コンクリート護岸したことで「海浜」ではなくなり、それで払い下げが可能になるという論法だ。

海浜占用許可を足がかりにして、なし崩し的に払い下げを受けたことになる。まさに法の盲点をついたやり方であった。

この私有海岸線をもとにして、さらに海上埋め立てをもくろんだが、さすがに地域の反対によって実施されることはなかった。

堤康次郎が永眠する鎌倉霊園の建設、鎌倉逗子ハイランドの宅地造成工事、あるいは西鎌倉山での宅地造成などで見せた違法・不法行為の数々は、山本節子著『西武王国・鎌倉』（三一書房）に詳しい。

一九七〇年前後、私は鎌倉の浄妙寺《じょうみょうじ》に暮らしていたことがあったので、同書の記述が正確であることを証明できる。当時、西武による違法宅地造成をめぐって、鎌倉駅頭で反対の署名活動が連日のように実施されていたことを覚えている。

箱根での県道拡幅工事をめぐり神奈川県と対立し、県道への通行妨害事件を発生させた。この県有道路はもともと堤康次郎が傘下の駿豆《すんず》鉄道（のちの伊豆箱根鉄道）に建設させた西武所有の有料自動車道路と並行している。

この通行妨害事件を起こしたのは「湖畔線《こはんせん》」だが、「小涌谷線《こわくだにせん》」に路線バスを走らせようとした東急系の箱根登山鉄道とのあいだに「箱根山戦争」が勃発《ぼっぱつ》している。

神奈川県がこの自動車専用道路を買収することになったが、この当時の県知事・内山岩太郎の立ち回り方には、堤康次郎との蜜月関係を思わせるものがあった。

もとより宿敵・東急との競争に関係した事態であったが、西武側の利益のために神奈川県民の貴重な税金が投入されたことに間違いはない。

鎌倉霊園に直結するように建設された朝比奈バイパスの建設工事、七里ヶ浜ホテルにつながる湘南道路有料化のための並行道路改修工事は、自衛隊を使っての工事だったが、そこに果たした内山岩太郎の役割をみても、両者の親密な関係がうかがわれる。

戦中・戦後にかけて、堤康次郎のもとに大量の関連資材が鉄道連隊から払い下げられているが、それらを放出することの見返り措置として、高田馬場―西武新宿間の路線免許を受けるなど、そうした政治を背景にした事例は枚挙《まいきょ》にいとまがない。

一度手に入れたものは手放さない

堤康次郎の土地に対する執着は想像を超えるものがあるが、それこそが康次郎イズムにほかならない。

彼がいかに土地に執着したかを物語るエピソードがある。太平洋戦争中のこと、米軍の空襲によって東京・麻布《あざぶ》にあった堤邸も被害を受けているが、そのとき、周辺住民が戦火を逃れようと堤邸の敷地内に入り込んできた。すると康次郎は書生らにこん棒を持たせ、侵入者を力ずくで追い払わせた。

「絶対に一人も入れるな。入れれば土地をとられる」

そう怒鳴ったという。この話は辻井《つじい》喬《たかし》（堤清二《つつみせいじ》）の小説『彷徨の季節の中で』にも記されているが、一度手に入れた土地は絶対に手放さないという、彼の信念が赤裸々《せきらら》に示されたエピソードだ。

堤康次郎は父親（猶次郎）を早くに亡くし、まだ若かった母親（みを）が実家に戻ってしまったため、祖父母に育てられ、しばらくのあいだ農業をしていたことがある。

土地への執着の強さは、農耕民に共通している。

一部の書籍では堤家を「貧農」としているものもあるが、それは誤りだ。滋賀県愛知《えち》郡八木荘村（現・愛荘町《あいしょうちょう》）にある堤の実家は、れっきとした土地持ちの中農であった。

二十歳ぐらいになったころ、康次郎を育てた祖父も亡くなったので、実家の田畑を処分した金で上京、早稲田大学に入学して、経済学と政治学を学んだ。本人としては政治家になりたかったようだ。

早稲田の学生時代に株で儲け、それを資金に郵便局をやっていたエピソードはすでに記した。大学卒業後、大隈重信《おおくましげのぶ》が主宰する雑誌「新日本」の経営にたずさわったり、後藤新平《ごとうしんぺい》の知遇《ちぐう》を得たりして、さまざまな事業にかかわっている。

しかし、海運業（浪越汽船）、鉄工所などを手がけたが、いずれも失敗。のち、軽井沢で沓掛《くつかけ》遊園地なる別荘分譲業をはじめて成功、これが箱根土地会社、そして国土計画興業、国土計画を経てコクドに発展していく。不動産事業で成功したのは、大隈重信と後藤新平をバックに信用をつけたからだといわれている。

また、箱根土地会社にかかわっていたころの大正一三年（一九二四）、総選挙に滋賀県の選挙区から立候補して当選、以後、政治家としても頭角をあらわしていく。

代々が土地執着

康次郎と鉄道の接点は、前記したように、箱根土地会社時代に経営破綻におちいった武蔵野鉄道を傘下におさめたことで、建て直しに成功している。それが今日の西武鉄道のもとになった。なお、一部の書籍に造船業を手がけたという記述があるが、海運業の誤りで、木造船ではじめたものの沈没して解散している。これが前述の浪越汽船である。

康次郎は製造業なども手がけており、千代田護謨（一九一三年設立）、東京護謨（一九一七年成立）などがある。西武系企業に西武化学や西武ポリマ化成（二〇〇五年二月、民事再生法適用申請）など、化学メーカーがあるのも、そうした経緯による。

戦後の一時期に食品製造業として、食料増産、日本畜産、所沢製粉、旭食料工業などがあり、多岐にわたって事業展開していた。

しかし、彼の本業はあくまでも不動産関連事業である。若い時期の、土地を唯一の生産手段とする農業の経験が、堤康次郎の事業観を決めているように思われる。そこから、西武という企業集団の特色もみえてくる。

「はじめに土地ありき」の発想だ。

それでいて、おもしろいことに、西武鉄道が保有する販売用土地面積は、大手私鉄の中でももっとも少ない。それは販売ではなく、利用が中心になっているからだ。その保全機能として、コクドとプリンスホテルがあった。

　土地への執念は先代からの企業ＤＮＡで、それをもっとも色濃く受け継いだのが堤義明《つつみよしあき》であった。


　その遺伝子によって、西武は全国各地に広大な土地を所有し、資産形成をしてきたが、必ずしもその土地が効率的な活用に直結していない点に問題があった。ホテルのところでも記したように、せっかくの土地の生産性が低く、利用がうまくできていないことで、コクドの不振が続き、債務超過を招いた。

　北海道、東北、上越のリゾート、レジャー施設など、毎年のように赤字が続き、累積損失が続いていた。

　バブル崩壊後のリゾート不況、不動産価値の低下、さらには減損会計制度の導入で、トリプルパンチを食らった。とくに西武鉄道で二〇〇六年三月期に損失が表面化しているが、二〇〇五年九月中間期の時点で、すでに無配に転落していた。

　不振のゴルフ事業再編にともなう子会社株の追加取得で、連結調整勘定一二億円を一括償却し、分譲地の評価損などで、特別損失が約一〇〇億円規模で出るなど、きびしい状況にあった。

　経営陣の希望的観測として、二〇〇八年三月期に営業利益五五〇億円、経常利益三三〇億円などとかなり現実離れした数字を描いてみせたが、現実としては、リゾートホテル、ゴルフ、スキー場の整理が遅れていた。

後藤体制になって約一年が経過した時点でも、義明時代と大きく様変わりしたようにはみえなかった。二〇〇五年九月中間期決算で、コクドでは営業損益が五三億円の赤字、経常ベースで八四億円の赤字を出し、改善がみられなかった。

リゾートだけでなく、都市ホテルも不調が続き、建設に約五〇〇億円を投下した東京プリンスホテルパークタワー（現・ザ・プリンスパークタワー東京）が思わしくなかった。どの都市ホテルも、長年、リニューアルがされてこなかった。これを本格的に実施すると、約一〇〇〇億円近い資金需要が発生するからであった。

主力の東京、赤坂、高輪の各プリンスホテルは手が加えられておらず、競争力が低下していた。主力ホテルが二軍落ちして久しい。上級客に見離され、中級客以下は、より安価なホテルに流れており、空洞化が避けられない状況が長く続いていたのである。

最上級を意図した東京プリンスホテルパークタワーは、想定ランクから一ランク下がり、それにともなって他も玉突き式に一ランクずつ落ちた。

その結果、パークハイアット東京やマンダリンオリエンタル東京に、さらに水をあけられ、その上、アジアの名門ペニンシュラの出店でますますきびしい状況となった。

プリンスホテルの戦略の立て方は、どうも素人集団のそれに思えてならない。プリンスブランドに対して過大評価をしているようだが、ホテルのヘビーユーザーが下すプリンス評価はけっして高いものではない。

たとえばホテルライフを趣味とするプロユーザー集団、ホテル・ジャンキーズ・クラブの会員評も、あまり芳《かんば》しいものではない。

とくにホテルスタッフへの不満が目立ち、量の拡大に質が追いつかない印象だ。

義明の「死んだふり」

ホテル部門の収益源をなす都市ホテルの苦戦は、その後も続いた。

二〇〇七年には、リッツカールトン東京、ペニンシュラ東京の開業があり、最高級クラスの激戦が繰り広げられたが、そうした中でプリンスホテル全体を眺めると、どれもインパクトに欠けて見える。世界的ブランドのホテルと比べ、プリンスはしょせん国内ブランドにすぎない。

二〇〇八年三月期にグループの有利子負債を一兆円以下に減少させる計画だったが、その原資として三千億円以上が必要といわれた。

これを捻出《ねんしゅつ》するには、ホテルの三つ四つを売却したくらいでは焼け石に水。ホテル事業そのもの、あるいは鉄道事業をすべて売却しないかぎり困難だとまでいわれた。実際に金融機関ではそうささやかれていたのである。

サーベラスや日興プリンシパルインベストメンツは投資ファンドであり、西武ホールディングスの大株主とはいえ、真の再建パートナーにはなりえなかった。ファンドに見放される危険も排除できず、そうなると、みずほコーポレート銀行のバックアップを失した後藤体制は継続不能となる。

西武再建構想は、じつにフラジャイル（脆弱《ぜいじゃく》）な状況下にあるといわなければならない状況にあった。

表向き義明は「死んだふり」を決め込んでいるが、ＮＷコーポレーションの株主、役員を見れば、彼が西武支配を捨てていないことがわかる。ＮＷコーポレーション役員は義明のダミーそのもので、当初から側近たちが顔をそろえた光景が堤義明の本音を物語っていた。

西武再編劇は堤義明と現行役員との利害一致という状況下で、場当たり的な改革に終止しているようにしか見えない。これを一変させる唯一の突破口が、コクド借名《しゃくめい》株の真実を司法の場で明らかにすることだったが、それも堤清二が死去したいまとなっては、事実上の自然消滅である。

この問題の本質が問われるところだが、そこに気づくジャーナリストがどれくらいいるか疑問である。

「なんでもあり」がまかり通る

二〇〇四年九月ごろ堤義明にインサイダー取引疑惑が浮上したが、西武鉄道株売却で被害を受けた相手には、西武と有力取引関係をもつ大手企業も多く含まれていた。それら大企業に対し、西武ホールディングスは平然と自社への出資を要求していた。

「あそこの体質は以前と同じです。変化のへの字もありません。出資して当然、という態度ですから。あのときの反省なんかしていませんね」

出資を持ちかけられた某社の担当役員は、そういってあきれていた。

もちろん出資はお断りしたそうだが、この会社は西武と同業者であるから断りやすかった。これが物品納入業者ともなると、簡単には断りにくい。頭の痛い話である。

後藤体制になって、口ではコンプライアンスの重視などとは称しているが、自己の優越的立場を利用して出資を求めること自体、証券取引法に違反する行為ではないのか。

「あの様子じゃ、堤さんの復権は確実だね」と話す関係企業の役員も多い。西武グループ経営改革委員会のメンバーの一人だった人物は、こんなことをいっていた。

「西武の経営実態に触れて、あまりに予想外なことが多く、金輪際《こんりんざい》関わりたくない」

堤義明と後藤高志とのあいだに密約とか念書があったとの噂が飛び出すやら、堤兄弟間での相続争いがあったりするし、そんなドロドロとした奇々怪々な案件が多く、とても付き合いきれない、というわけだが、それでは西武というものをあまりに知らなさすぎたというほかない。

西武はいままである種の治外法権的世界で運営されてきた。西武には西武固有の私的法体系が存在していた。そこに世間一般の常識でもって再建しようとしても、かみ合うはずがない。

西武の実態を知る者なら、同委員会のあり方で西武再建ができるとはだれも思っていなかっただろう。西武固有の文化を十分に理解した上で執刀《しっとう》する必要があった。

堤康次郎時代の役員の主流は、いわゆる「玄関育ち」と呼ばれた書生あがりで占められていた。古くは地縁、血縁で固められた人事構成を特徴としていた。

義明の代になって、それが早稲田大学観光学会のご学友に替わった。いずれにしても、堤の家臣もしくは親衛隊だ。

西武社会では「なんでもあり」がまかり通る。西武鉄道の有価証券報告書虚偽記載、インサイダー取引疑惑、そしてコクドにおける借名株工作等々、すべてが西武では「当然」なのである。罪の意識は毛ほどもない。

この特異な企業風土が西武を西武たらしめてきた。そうした風土を理解していないと、改革のメスは当てられない。アラブ諸国に強引にアメリカンデモクラシーを押しつけるに等しい行為を、西武グループ経営改革委員会は試みようとしていたのである。

大局的見地に立てば、それは誤りではない。戦略はよいが、戦術ができていなかったのだ。もしそれをしたかったのなら、最低限、清二、猶二《ゆうじ》らを取り込む必要があったはずだ。なにより、堤家の存続問題を棚上げしたのは最大の失策だった。

根本から堤家の排除を目指すなら、まず敵の敵を味方にし、その上で相続裁判を清二・猶二連合側に有利に進め、そこからコクドにメスを入れていく必要があったのだ。

義明の計画

みずほコーポレート銀行は油断をしたというほかない。メインバンクという立場を絶対視していたのではないだろうか。よもやの離縁状を西武の側から逆に突きつけられてしまったのだからしようがない。

それは西武の作戦勝ちのようにもみえるが、そうとばかりもいえない。外資による西武乗っ取りの危険もなかったわけではないからだ。

しかし、一連の動向から、堤義明の計画がみえてきたような気もする。

猶二らの要求を呑めば、自らの実権を失うし、それ以上に、兄弟の地位が逆転することには、心情的に耐えがたいに違いない。

それくらいなら、サーベラスや日興プリンシパルインベストメンツの資本を受け入れることで兄弟を排除し、自らも一定の発言力が確保できる道を選ぶだろう。実質的にオーナーではなくなっても、地位の保全は図ることができる。

そこにＮＷコーポレーションの存在意義がある。

みずほコーポレート銀行の案にしろ、猶二の案にしろ、ともに義明の地位は保証されない。かといって、従来どおりの「義明王国」を望んでも、現実の台所事情がそれを許さない。

そこで、次善の策として、現在の案を選択したのではないだろうか。

諸刃《もろは》の剣《つるぎ》というか、西武をサーベラスに売り渡すことで、逆に保身が図れるという理屈も成り立つ。猶二が持ち込んできた外資ファンドがいくら西武のデューデリジェンスを高く評価しようと、それを拒絶しなければならなかった裏には、そうした思惑がはたらいていたからではないだろうか。

義明の中に「堤家の西武」という思いはみえてこない。「私の西武」しか感じない。

一方、後藤高志とのあいだに「密約」があったとすると、その中身は義明の地位の保全しかないだろう。その具体化が、ＮＷコーポレーションということになる。

その条件のもとで、西武再建のパートナーとしてサーベラス、日興プリンシパルインベストメンツを受け入れたと考えれば、辻褄《つじつま》がぴったりと合う。

「大野（俊幸）さんや後藤さんに面会を申し入れても、秘書の段階で断られる」

猶二はそうぼやいていたが、西武経営陣が猶二の示す再建案をことごとく無視する理由もみえてこよう。

相続裁判の判決が下る前に、義明による間接統治の青写真をつくり、既成事実化しておく必要があった。

民事上の大きな裁判では、社会的影響を考えて判決を出す傾向がある。多くの従業員の生活や関係者のビジネスもかかっていることを考えると、すでにスタートした西武再建を根底からひっくり返して大混乱におとしいれてしまうような判決は出しにくい。

西武側としても、そうタカをくくっての作戦とも受け取れる。

義明個人にとっては、堤家云々の要素はあまり意味がない。義明に堤兄弟という意識がなく、「堤家の財産」としての西武を考えていない。むしろ、それが前面に出すぎると、かえって都合が悪くなる。

そう考えていくと、一見、不可解に見えた義明の行動も理解できてくる。

義明は地位の保全、後藤は出身銀行への意地、サーベラスは西武資産の獲得。三者の利害は、見事に一致したようだ。

それが、二〇〇六年三月二七日に決まった西武再編成案の本質だと私はみている。

決して理解されない孤独

堤義明の思いは、他の兄弟たちと異なっていた。このことを猶二らは見失っていたのではないだろうか。

こうした兄弟間の複雑な人間関係に由来する思惑を、西武グループ経営改革委員会メンバーが知りえなくとも不思議ではなかった。

しかも、彼ら兄弟に罪はなく、そうした家庭をつくってしまった責任のすべてが父・康次郎にあることは間違いない。

長男の堤清《つつみきよし》など、その不幸をもっとも強く受けた人生であったろう。

義明の「独裁心」もまた同じだ。自己を確立し、他者と差別化することに、生きる術を見出してきたのだろう。それは孤独との戦いであったはずだ。

平凡な家庭で育った人間に、けっしてわかる人生ではない。そうした彼らの私生活をいたずらに叩くような報道には、私は反感を覚える。

父・康次郎もまた幼少期の体験が、その後の人生に影を落としていた。

康次郎は幼少のころに父親を亡くし、生母《せいぼ》は実家に戻ってしまった。幼い日、村はずれの小川で生母と別れたつらさが、長じて乱れた女性関係に影響したのかもしれない。不幸の連鎖とでもいおうか、その結果、複雑な家庭環境をつくってしまい、それが今日の堤兄弟の不幸を招いてしまったのではないか。

五〇年以上も昔の相続問題が亡霊のように出現してきたのも、こうした複雑な人間関係からだ。

以前、作家・城山三郎《しろやまさぶろう》から聞いた話だが、堤義明にインタビューしたとき、話題を彼の人生観に向けると、その場を無言で立ち去ってしまったという。

ある評論家がそれを聞き、義明を非礼な人間だと非難していたが、義明にしてみれば、自分の人生観などを他人に語ったところで、どうせ理解してもらえないだろう、と思っての対応だったに相違ない。

今回の一連の西武騒動では、彼は一人で悩み抜いたことだろう。その意味では、同情を禁じえない。

第七章　西武の闇体質の系譜

康次郎と小佐野賢治、児玉誉士夫

西武再建にファンドマネーは欠かせないが、サーベラスの目的が西武保有の都心の不動産にあることに間違いはなかった。

前記どおり、サーベラスは小佐野賢治が率いた国際興業の再建にも関わっているが、ここも国内外に多くの不動産を保有していた。さらに西武同様に過小資本経営。長年にわたって小佐野一族が支配してきた点など、西武グループとよく似た企業形態だ。

富士屋ホテルチェーンを中心にホテル事業を展開し、リゾートホテルが多い。公共性が高い事業としては、国際興業、山梨交通、秋北バス（秋田県）などのバス事業があるが、西武のような大手私鉄はもっていない。

小佐野は若かりしころ、弁護士の正木亮の引き合わせで田中角栄《たなかかくえい》と出会い、「刎頸《ふんけい》の友《とも》」としてパートナーシップを組み、政商として大成している。正木は小佐野と田中の顧問弁護士を務め、死刑廃止論者としても有名な人だった。

敗戦後、米軍とのコネを強くもち、ベトナム戦争下で米軍のバス輸送を現地展開する一方、韓国の有力企業の一つ、韓進グループへ出資するなど、国際的な活躍をしていた。大韓航空もこの韓進グループの傘下にある航空会社だ。

小佐野が所有していた熱海ホテルが戦後、米軍の接収を受け、そこに滞在したダラハイトという将校の助言でハワイにホテルを所有することになるが、彼の企業家としての方向性は、有力企業への出資が中心であった。

その点、堤康次郎《つつみやすじろう》とはタイプが異なる。

京浜急行電鉄の株主に西武が顔をみせるが、これは小佐野と堤が株式交換をしたことに由来している。堤康次郎が所有していた山梨交通株と小佐野賢治が所有していた京浜急行株を交換したものだ。

西武は神奈川県三浦半島の覇権を目的に京浜急行に狙いを定めていた。一方、小佐野は出身地の山梨での覇権を目的として、山梨交通株の買い占めを進めていた。

もともと堤は山梨交通から依頼され、小佐野の乗っ取りから守るために同社の株を持ったのだが、両者の利害が一致したことから、簡単に小佐野に譲り渡してしまった。

ただし、両者がこれ以外で協力しあったという事例はない。小佐野はもともと堤康次郎の生涯のライバルである五島慶太《ごとうけいた》人脈の人物である。

おもしろいことに、小佐野と堤には共通した人物が関係している。

田中角栄と児玉誉士夫《こだまよしお》だ。

堤康次郎と児玉との接点には、西武グループの法務関係を一手に処理していた社内弁護士の中《なか》嶋忠三郎《じまちゅうざぶろう》が関係していたものと思われる。

中嶋は群馬県の出で、まだ旧制中学の学生だったころ、康次郎のもとに学費の援助を申し出てきたという。中嶋は一九九八年に死去したとき九七歳だったというから、大正中期ごろの話だろう。

そのころの康次郎はそれほど金回りがよくなかったにもかかわらず、毎月一〇円、当時としてはかなりの額の学費を提供する約束をしたという。

その援助で中嶋は中央大学法学部に学び、国家試験にパスして、裁判官になった。その後、外務省に出向して大陸に渡り、最終的には上海《シャンハイ》の総領事を務めている。

戦時中のことで、当時、上海を本拠に関東軍の物資を調達する機関（通称・児玉機関）を運営していた児玉誉士夫との関係ができたらしい。

中嶋が西武の一員になるのは、敗戦後、引き揚げてきてからである。役員待遇で入社、西武グループ全体の顧問弁護士的な役割を果たすようになった。そうした経緯から、堤康次郎は児玉と面識をもつことになったものと思われる。

中嶋は堤康次郎の公私にわたり、人にはいえないようなさまざまな後始末をしてきた。女性関係の処理から、文夫人との離婚処理、衆議院議員だった康次郎の盛大な選挙違反事件（一八〇人が逮捕）、東京はじめ各地で起こした土地取得に絡む問題の処理等々、西武の暗部、裏の裏まで知る人物である。

ある意味では、西武にとって、もっともやっかいな人物でもあった。

『西武王国――その炎と影』買い占め事件

三〇年近く前のことになろうか、セゾングループの社史編纂《へんさん》委員会が堤康次郎の伝記を刊行、堤清二《つつみせいじ》がそれを高齢で引退していた中嶋のところに届けた。中嶋はそれを読んで、寂しそうにつぶやいていたという。

「この本には、おれが出てこないな」

中嶋の家族の証言によれば、あまりに裏を知りすぎていたためか、退職後も西武から煙たがられるというか、冷遇されていたようだ。

そういうことがあったためかどうかはわからないが、八〇代後半になって、西武に関する回顧《かいこ》録《ろく》を執筆、一九九〇年に『西武王国――その炎と影』(サブタイトルに「狂気と野望の実録」と記されていた) として出版する運びとなった。

ところが、その直前、西武 (堤義明《つつみよしあき》) が発売寸前に全冊を買い占めてしまったため、世に出ることはなかった。

中嶋は律儀にも「このような本を書きました」ということで、見本本を堤義明と清二のもとに届けたらしい。なにかの意図があってのことかどうかはわからないが、義明はあわてて買い占めた上、中嶋のところに八〇〇〇万円の小切手を届けてきたという。どうやら、一億円から源泉徴収した残りの金額ということらしい。

そういうことがあったため、さんざん世話になった中嶋の葬儀のときも、七回忌の法要のときも、堤義明は線香をあげにもきてくれなかった。

このことに不満を抱いた中嶋の親族が、伊倉誠一（当時常務）から聞いた総会屋にまつわる情報を知り合いのジャーナリストに話し、それが発端となって二〇〇四年の西武騒動に発展したというのが真相らしい。

横井英樹の西武鉄道株買い占め

時代は下って、堤康次郎の死から五年後の昭和四四年（一九六九）、乗っ取り屋といわれた横井英樹が西武鉄道株の買い占めに走ったとき、堤義明との仲裁役として児玉誉士夫が登場している。

横井の株買い占めの主目的は、取得した株を会社側に高値で買い戻させて利鞘《りざや》を稼ぐというものだ。彼は西武鉄道株一八〇万株を買い占めて、最初は堤清二のところに、買い値の三、四倍の価格での買い取りを持ちかけている。

清二はそれを拒絶したが、横井はさらに買い占めを続けた。その数が三六〇万株にいたって、西武側としても放置できなくなった。

このとき、児玉の立ち会いで、西武側は横井が保有していた株を二五億円で買い取り、横井はこれによって約一〇億円の利益を得ることになった。

横井は白木屋《しろきや》や東洋製糖《とうようせいとう》の株の買い占めで有名になっていたが、白木屋の株買い占めでは、白木屋オーナーの鏡山一族による防戦買いで行き詰まり、五島慶太に肩代わりをしてもらうなどして、以後、その配下となったつもりになっていた。

結局、白木屋の経営は五島の手に移り、東急百貨店日本橋店に姿を変えた。

ただし、五島慶太の死後、東急グループを引き継いだ長男の昇《のぼる》が横井との関係を清算している。

裏社会との付き合い

児玉誉士夫は笹川良一の配下だが、その弟・笹川了平《りょうへい》の女婿《じょせい》・糸山英太郎の新日本観光を、後年、堤義明が鎌倉七里ヶ浜沖埋め立て計画の際に表に立てた。

海洋レジャーに絶大な力をもつ笹川良一をバックに事業を画策したが、通称「相模湾宣言」と称する公有水面の埋め立て禁止条例の制定で、笹川はあっさり手を引き、計画は実現していない。

一連の西武騒動の発端は西武鉄道による総会屋・芳賀龍臥《はがりゅうが》への利益供与だったが、それ以前から西武と裏社会との「お付き合い」は存在していた。

四〇年ほども前になろうか、暴力団・東声会《とうせいかい》の町井久之に対し、似たような手口で利益供与をしたことがあった。町井は児玉の配下である。

表向きは町井が経営する東亜相互企業が福島県内に所有する土地（農地・山林）を担保に、西武不動産が一〇億円を融資するという形をとっていたが（連帯保証人・児玉誉士夫）、土地の名義変更はされていないし、金が返済された形跡《けいせき》もない。その土地に一〇億円の価値があったとも思えないが、当時、西武不動産の社長を務めていたのが堤義明である。

前記したように、東京プリンスホテル建設の際、皇女和宮《かずのみや》の墓所を勝手に取り壊して増上寺《ぞうじょうじ》とのあいだで問題を起こしたことがあったが、西武は宅地造成工事にからんだ紛争を各所で多発させている。廃道手続きを無視した青地《あおち》、赤道《あかみち》の破壊など、日常茶飯事だった。

青地とは、地租税を免除された法面《のりめん》、赤道とは江戸時代以前から存在した生活道路のことで、これらは本来、行政財産であり、議会の承認を得ずにつぶせば違法行為になる。西武の宅地造成では、そういう社会の決まりごとをほとんど無視して進められている。

行政とのトラブル、地域住民とのトラブルは恒常化し、そこにさまざまな闇世界の人間が介入してくる。

使途不明金の支出も、闇社会への不正利益供与も、そうした中で発生する。

そうした意味では、西武には伝統的に企業コンプライアンスが見られない。

法令無視の企業体質

こうした西武の行儀の悪さに対し、サーベラスがどう対応するのか、あるいはそうした実態をどこまで理解しての出資だったのか。

堤康次郎から義明にかけての体制下で改まることなく実践されてきた法令無視の企業体質を前にして、アメリカの投資会社がどこまで黙認を続けることができるのか、興味がもたれた。

西武は企業体質として多くの日本的悪弊《あくへい》を内在させてきた。絶対君主制下での滅私《めっし》奉公《ほうこう》にしても、社会的道徳性の欠如にしても、アメリカ的価値観、倫理観とは相いれない性質のものだ。

西武グループ経営改革委員会では、まずもって西武の企業体質を是正させる必要があるといわれたが、アメリカ投資ファンドの目には、それ以上の違和感が生まれよう。ＮＷコーポレーションとのあいだにカルチャー対立が発生して当然である。

堤義明がいつまでも「死んだふり」を続けられるわけはなく、保身に徹してサイレントパワーを決め込む可能性も高い。

とりあえずは居場所を確保した義明ではあるが、実質的な復権がかなうか否かはいまだ不透明である。二〇一四年に八〇歳を迎えたが、そうした年齢の問題もある。

彼自身の胸のうちは推測するほかないが、当初のみずほコーポレート銀行案ではすべてを失っていたのだから、おそらく一定の支配力を保つことができればそれでよし、としているのではないだろうか。

外資ファンドの西武争奪戦

西武グループ経営改革委員会座長を務めた諸井虔が「堤排除」を掲げた理由は、想像できなくもない。

諸井は秩父セメント（現・太平洋セメント）創業家にあたり、傘下に秩父鉄道をもっていた。そこに一九六九年、西武鉄道が進出し、ライバルだった三菱鉱業セメント（現・三菱マテリアル）と提携して、セメント輸送を一手に引き受けるようになった。

いわば諸井家の金城湯池《きんじょうとうち》に堤家が殴り込みをかけてきたようなものだ。堤家が支配する西武鉄道のあり方に批判があって当然であるし、そうした利害関係を無視することはできないだろう。

西武鉄道は秩父の観光振興策に熱心ではなく、地元秩父とのあいだで取り交わしたと噂の軽井沢への延長も幻となった。そうした西武の経営にかねてより不信感があったのも事実である。

かつて西武の堤康次郎は東武の先代・根津《ねづ》嘉《か》一郎《いちろう》と覇権を争っていたが、その東武鉄道と秩父鉄道は古くから密接な関係にあった。そうした財界人脈上の事情もあると思われる。

堤義明としては、西武グループ経営改革委員会の存在は「大きなお世話」といったところだろう。

それを発足させ、経営に口出しをしてきたみずほコーポレート銀行主導による再建を快く思うはずはなかった。

そうした対立構造は一種の弱点でもある。相手の弱みを、短期的利益を目的とするファンドは見逃さない。最初に接近を見せたのは、村上世彰《むらかみよしあき》率いる村上ファンドだった。二〇〇四年一二月末のことである。村上を堤義明に引き合わせた人物は、オリックスの宮内義彦《みやうちよしひこ》だといわれている。みずほによる再建案に疑念をもつ堤義明にとって、村上の出現は一筋の光明《こうみょう》にも思われたことだろう。

村上が持ち込んだ話は、西武鉄道の発行済み株式をすべて一株一〇〇〇円でＴＯＢする、その買収資金のうち三〇〇〇億円をクレディスイスに出資させるというものだった。

西武鉄道の総発行済み株数は四億三〇〇〇万株だから、その買収総額は四三〇〇億円になる。

堤義明と村上を実際に面会させたのは弁護士だが、この動きにみずほコーポレート銀行が警戒していたのは、村上のバックに宮内を感じ取っていたからだろう。諸井を担ぎ出してまでして西武再編策を練っていたみずほとしては、村上ファンドに再建話を横取りされるわけにはいかない。

堤義明も一時は村上の提案に関心を示し、西武鉄道社長・小柳皓正、コクド社長・大野俊幸、プリンスホテル社長・山口弘毅《やまぐちひろよし》らに、村上プランに沿ったグループ再編を検討させている。

このころ、ゴールドマンサックス、モルガンスタンレーも堤義明との面会を求めていた。外国投資銀行がこぞって目をつけていたのは、西武が保有する都内一等地の資産価値である。

外資ファンドが示した内容は、村上ファンドとはケタが違っていた。グループ丸ごとの買収総額として、ゴールドマンサックスが一兆四〇〇〇億円、モルガンスタンレーが一兆六〇〇〇億円、リーマンブラザーズが一兆三〇〇〇億円を提示していた。つまり、西武に対する外資ファンドの査定額は、一兆五〇〇〇億円前後だったのだ。

たしかに都心にあるプリンスホテルに不動産投資信託を年率三パーセント以上で組むことを考えれば、一〇〇〇億円単位の資金は容易に集まる。

外資の登場で、村上ファンドが出る幕はなくなった。それが二〇〇五年一月のころである。村上は西武にソデにされ、ターゲットを阪神電鉄の株に鞍替《くらが》えすることになる。

だからといって、堤義明が外資の誘い話に飛びつくことはなかった。

最初の提示金額はいわばルアー（おとり）で、実際には相当ディスカウントしてくるのが彼らの常套《じょうとう》手段である。金融機関首脳陣らがそうした外資ファンドの手口について義明に助言し、思いとどまらせたからである。

みずほコーポレート銀行は、西武再建の担い手として副頭取の後藤高志《ごとうたかし》を送り込んでいたが、

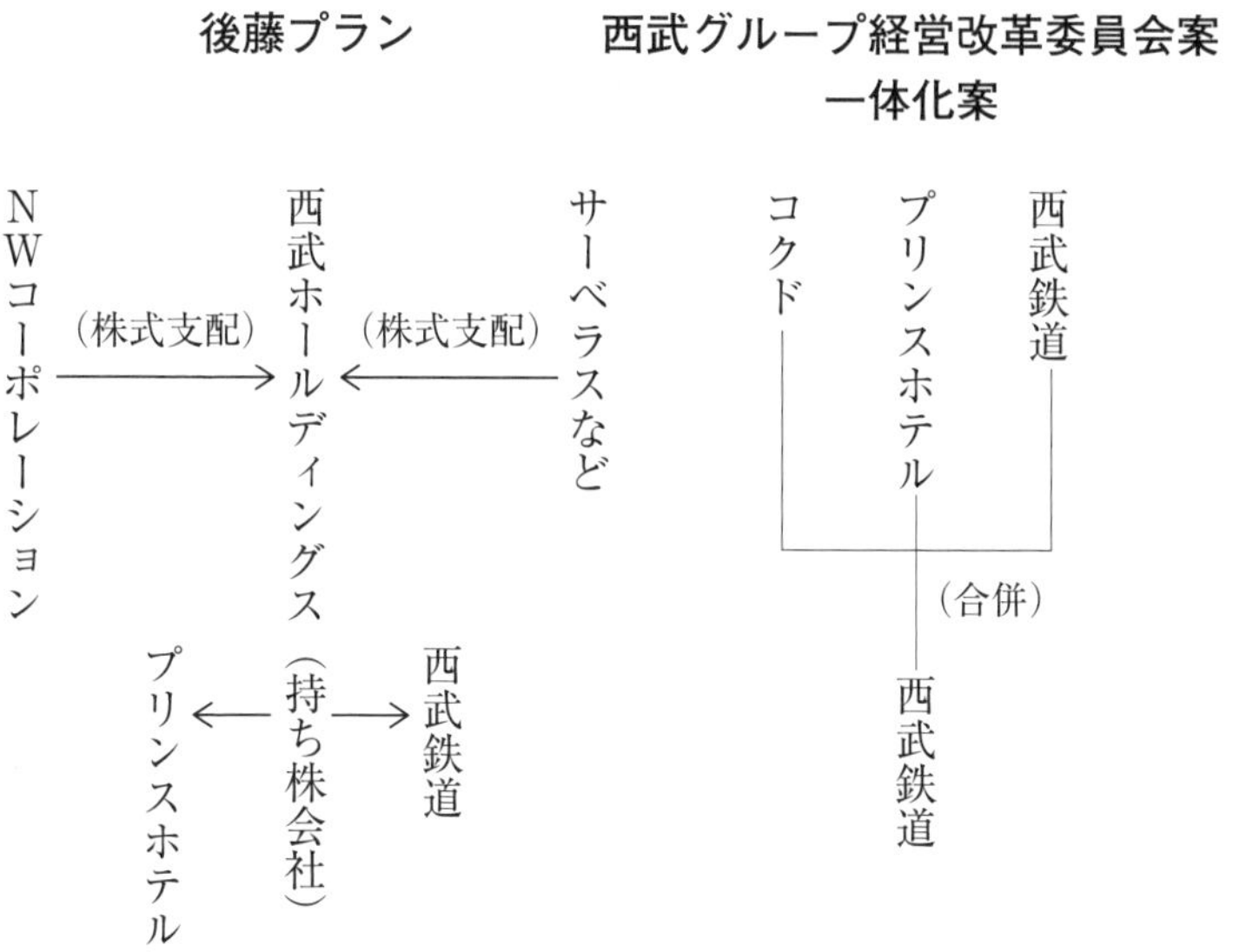

ここで不思議なのは、堤が西武グループ経営改革委員会案を拒絶しながら、同じみずほの後藤をなぜ受け入れたかである。

大方の人たちは首を傾《かし》げていたが、すでに記したとおり、あとでわかることだが、後藤とみずほコーポレート銀行がユニットにはなっていなかったのである。後藤は単なるみずほコーポレート銀行のメッセンジャーではなく、堤義明側に立った再建を考えていた。

彼が西武鉄道社長につくと、諸井が示したコクド・西武鉄道の一体化案を白紙に戻し、義明の居場所を確保する案に再構築した。

それをあらためて図に示そう（上図参照）。

図示したように、後藤案では旧コクドがNWコーポレーションになり、西武ホールディングスを介して、西武鉄道、プリンスホテルを株式支配していることがわかる。言い換えれば、「所有」と「経営」を分離して、堤義明の地位を前者に確保した形になっている。ＮＷコーポレーションは堤義明と同義語ということだ。どこからみても、堤義明復権の道筋を考慮したものにしか思えない。

コクドと西武鉄道の一体化案は西武鉄道株主の反対もあって実現しなかったが、それが皮肉なことに、堤義明の居場所を温存することにつながったのである。西武グループ経営改革委員会が真っ先に示した堤一族排除の方針は、いとも簡単に骨抜きにされていた。

二〇〇六年三月の時点にかぎれば、堤義明・後藤ラインの作戦勝ちにもみえるが、事態はその後も流動的である。

堤猶二《つつみゆうじ》がパートナーと考えるウェストブルックが、取引金融機関から西武グループの貸出債権をすべて額面買収すると提案していた。それが実現すれば、西武グループの資金ショートは回避できる。また、堤猶二によれば、ウェストブルックのほかに森トラストとも話がついていたという。

そうみてくると、実際のところ、西武再建をめぐる話も、外資投資ファンド各社がそれぞれに義明、猶二を担《かつ》いで西武経営権の争奪戦を展開しているにすぎないことがわかってくる。

外資ファンドと主力銀行の狙いと手口

旧みずほコーポレート銀行による再建案は、主力銀行による企業再建なので、それ自体に問題はなかった。ところが、投資ファンドはまったく別種のマネーである。

そうしたマネーが入ることで、西武は草刈り場と化すのではないか。あるいは、西武再建に名を借りた西武焦土化につながりはしないか、といわれていた。

経営権を事実上掌握し、西武保有の優良資産を売却して収益をあげるというやり方がファンドの常道だからだ。アメリカの投資ファンドは、日本、特に都内の不動産価値の上昇に目を向けてきた。

本来、西武の再建は主力銀行の役目であるが、そのみずほコーポレート銀行があまりにも強く「堤排除ありき」を前面に出して始動したため、結果的に西武をファンドへと追いやることになってしまったとしか思えない。

銀行サイドの焦りに原因があったのではないだろうか。

一連の事件発覚直後に、銀行に冷静な目があれば、こうしたゴタゴタは避けられたのではないか。

経営者としての堤義明の責任はたしかに大きいが、貸し手の側の責任も大きい。

銀行はもともと堤義明に対して腰が引けていた。そうした形勢を一挙に逆転させるためとはいえ、ジューターン爆撃で義明を叩くようなやり方が適切であったかどうか、おおいに疑問である。

西武という企業がもつ伝統には長短があるが、それをすべて無視した経営再建案が万全だったとは思えない。

正論を振りかざして正面突破を図ろうと試みた西武グループ経営改革委員会の意気込みもわからないではないが、あまりにドラスティックにすぎたのではないか。

堤家が西武を支配していたことを悪と決めつけていたが、それは結果論でしかない。先代から引き継いだ堤義明の経営手腕が、時代に合わなくなっていただけのことだ。

西武という企業体質にコンプライアンスが欠けていた責はあるが、オーナー経営の是非とは別次元の問題である。

旧コクドが堤家のものであったのは事実である。そのコクドが西武鉄道を株式支配している以上、これも結果として堤家のものであった。

その事実を全否定しようとした再建案には無理があったといわざるをえない。そのなによりの証拠が、西武グループ経営改革委員会の挫折であろう。

実体は「株式会社ツツミ」か

堤義明の行動にも問題があった。あまりにも自己保身を優先させ、主力銀行ではなく、投資ファンドのマネーに身を寄せてしまったからだ。

関係者のあいだから、堤義明が西武グループを外資に売り渡したも同然、との批判もあがっている。彼一人の西武ならいっこうにかまわないが、堤家の西武でもある。猶二、康弘《やすひろ》らの財産を独り占めして、自分の保身のために外資に売り渡していいわけがない。

西武創業家の責任として、いままで不透明であった部分を透明にしてみせる社会的責任を果たす必要があったはずだ。

相続税回避を目的にしたコクド借名株《しゃくめいかぶ》の工作をクリアにして、納税義務があるならそれはきちんと果たすべきだったろう。これは堤家の問題ではなく、西武と社会の問題であったはずだ。コクド、西武に対する社会的批判の多くが、納税回避にあった。不当な節税、事実上の脱税だったのではないかとの声は、いまだに少なくない。これが結果として、企業コンプライアンスを低下させている。

時代も社会もかつての康次郎イズムをとっくに受け入れなくなっていた。それに早く気づく必要があった。真の再建とは、じつはこうした企業のあり方を改善していくことではないのか。

それが達成できないうちは、いつまでたっても本来の再建は成就されないだろう。

組織をどういじってみたところで、同じである。見せかけの再編ではなにも変わらない。おそらく急遽《きゅうきょ》つけたのだろうが、「ＮＷコーポレーション」と看板の文字を書き換えたところで、それは旧コクドそのものである。

ＮＷとは、Nature & Wellness だそうだが、まるで環境保護団体のようで、ネーミングからしてうさん臭く響く。「株式会社ツツミ」にでもしたほうがよほどすっきりしていた。

概して、企業が「愛」だの「自然」だのといい出すときには、必ず裏がある。いかにもそう思われかねないネーミングではないか。

あまり表に出てこない社名だから、それでよかったのかもしれないが。

第八章　国税庁と西武の長い蜜月

義明独裁体制の成立

二〇〇四年の西武騒動の発覚以後の堤義明《つつみよしあき》の行動には、たぶんに場当たり的なところが目立った。西武グループ経営改革委員会の再編案に反対し、一時は自分が所有するコクド株三六パーセントを銀行に売却して身を引く算段をしている。

約三〇〇〇億円で売却予定であったが、実際に銀行側が示した金額は一五〇〇億円にすぎなかった。そこで、借用名義株をすべて自分の名義に書き換え、一〇〇パーセントとして売却することを考えた。

それで四五〇〇億円になるが、こうした動きを銀行に察知され、もしそうしたことを勝手にするなら融資を打ち切る、といわれて断念している。

思わぬ銀行の強硬な姿勢に、さすがの義明も驚いた。倒産が現実の事態としてみえてきたからだ。

そこで態度を一変させ、みずほコーポレート銀行による西武グループ経営改革委員会案に同意してみせた。

その後、みずほ側から送り込まれた後藤高志《ごとうたかし》がさまざまな画策の末、再建スポンサーとして、みずほコーポレート銀行ではなく、サーベラスを選んだことから、事態が大きく転換し、今日にいたっている。

ここで注目すべきは、堤義明がコクド株をすべて自分名義に書き換えて売却しようとしたことである。

「コクドに借名株《しゃくめい》など存在しない」と主張してきた経営陣の言葉が嘘であったことがわかる。そうでなければ、義明がやろうとした行為は、他人のものを私《わたくし》することになり、横領罪にあたるからだ。

この一件だけでも、コクド借名株の存在は明白であった。この事実をもとにすることで、猶二《ゆうじ》らの主張は証明されたはずだ。

裁判所がこれを認めていたら、西武再建のスキームはどうなっていただろうか。NWコーポレーションや西武ホールディングスの存在の正当性すら怪しくなったことから、白紙撤回もありえただろう。

そして、NWコーポレーションの株主構成が猶二らに替われば、増資引受ファンドはウェストブルックもしくはゴールドマンサックスにとって代わられていただろう。

そうなると、堤義明の存在が一挙に小さくなり、堤家および西武における関係が逆転していただろう。

私論ではあるが、その才能やセンスをよく知る者から見た場合、堤猶二がプリンスホテルの経営を続けていたなら、いまのような状態にはおちいることはなく、世界ブランドに成長させていたと思う。彼は語学力もあり、堤兄弟の中ではもっとも国際人でもある。

人を見抜く力があった父・康次郎《やすじろう》は、猶二をホテル部門の担当にすえる腹づもりでいた。実際、猶二はプリンスホテルの初代社長を務め、東京プリンスホテル、高輪プリンスホテルを手がけたが、一九七六年に義明によって副社長に降格され、その道は閉ざされてしまった。

その三年前の一九七三年、父・康次郎の死から九年後、義明は西武鉄道社長に就任したことで、グループの全権を掌握することになった。

その後の主要人事は、義明の早稲田大学時代の観光学会メンバーで占められることになる。山口弘毅《やまぐちひろよし》、三上豊、戸田博之《とだひろゆき》らがそれである。

義明体制が確立し、康次郎時代から側近だった小島正治郎、宮内巌らは引退した。

こうして西武グループ内に、義明独裁体制が形成されていった。

猶二を降格させ、義明がプリンスホテル社長につくが、このころからプリンスホテルの拡大路線がはじまる。一九七七年に開業した新宿プリンスホテルがその傾向を如実《にょじつ》に示していた。

それが従来のプリンスホテルとはまったく異質なホテルであることは、すでに記したとおりである。

高度経済成長が爛熟《らんじゅく》し、バブル期を迎えようとしていた時期である。そうした時代的背景も手伝って、量的拡大期に突入し、矢継ぎ早にホテルを建設していった。

ホテルというものは、短期的な利益を追求する性質のものではない。堤義明にホテル事業に関する長期的戦略があったとは思えない。赤坂新館、品川、新高輪と次々に大型ホテルを建て、世間の注目を集めはしたが、失敗作も多い。

一九九〇年に建てた横浜プリンスホテル新館などがそれである。同ホテルは一九五四年、わずか四室の横浜プリンス会館としてスタートした。その後、三〇室の宿泊棟を建てて堅実に営業していた。

ところが、一九九〇年に四〇〇室の新館を建てるも、二〇〇六年六月末をもって閉館に追い込まれている。都市ホテルともリゾートホテルともつかない中途半端なホテルだったからだ。

堤義明にホテルビジョンが感じられない。土地があるからホテルを建てたといった印象が強い。東京プリンスホテルパークタワー（現・ザ・プリンスパークタワー東京）など、まさにその典型例に思われる。

かつてのプリンスホテルには隠れ家的なホテルが多くあったが、いまのそれは奇抜なタワーホテルがやたらと目立つ。他との差別化ができていない。

たとえば、旧赤坂プリンスホテルなど、旧館に改装を施してシャトーホテルに衣替えすれば、人気が出たと思うが、義明にはそうしたセンスは感じられない。

実弟・猶二の感性をホテル事業に活かせなかったことが、かえすがえすも残念でならない。

前記したとおり、猶二が設計した高輪プリンスホテル（現・グランドプリンスホテル高輪）には奇抜なところがなく、プリンスホテルの中でもっとも自然な高級感に満ち、しっとりとして落ち着く。義明の巨艦主義とは、センスの違いを感じさせる。

「頭は私が使う。社員は体で働け」

堤義明は清二《せいじ》や猶二のもつ文化的な香りを遠ざけてきた。それは彼のカルチャーコンプレックスに由来しているように思われる。

コクド、西武における幹部社員を体育会系で固めてきたことはよく知られるが、命令一下、絶対服従を求める上では、そうした気風のほうが都合がよかったのだろう。

義明はかつて、「頭は私が使う。社員は体で働け」といい、社員の思考を停止させることで西武グループを統治してきた。彼のそうした性向は、自己過信からではなく、自己に対するコンプレックスからのように思える。

人材活用を拒み続けた結果、義明の選択が間違っていても、グループの全体がそれに追従してしまう。義明の限界が、すなわち西武の限界にもなる。

コクド株を売り払って身を引くことを一度は考えてみたようだが、それは彼の行き詰まりを象徴する行為のように思われた。

後藤高志の社長就任と、投資ファンドの出現で、義明は復権の可能性を見出している。この動きもかなり場当たり的だ。

清二も猶二も口をそろえて彼の行動がわからないといっていたが、じつのところ、当の本人も試行錯誤していたとしか思えない。

メインバンクをはじめとする金融機関、堤義明ともに、当初は予期しなかった方向に話が進んでいることでもそれがわかる。

中でも、堤資本の排除を狙ったみずほコーポレート銀行としては、外資ファンドというトンビに油揚げをさらわれた感じだ。後藤高志が銀行のメッセンジャーでなかった誤算は大きく、みずほコーポレート銀行としては痛恨の極《きわ》みだろう。

二〇〇五年八月八日、後藤がみずほコーポレート銀行の齋藤宏頭取に対して、再建方式を西武グループ経営改革委員会が出した合併案から持株会社案に変更した旨の報告を提出したとき、齋藤は、「銀行として増資に応じなくてもいいのか」と問うている。

それに後藤が「それでかまわない」と返答したとき、みずほコーポレート銀行主導による再建構想は消滅した。

みずほコーポレート銀行は西武ホールディングスの上場時にキャピタルゲインを手にできなかったし、なによりも諸井のメンツをつぶすことになった。

みずほコーポレート銀行の勇《いさ》み足が災いしたことであり、外資ファンドの実力に対する読みが甘かったからにほかならない。

みずほコーポレート銀行が西武再建で益する機会を失したのは自業自得《じごうじとく》としても、融資銀行として西武の不透明な部分を洗い流せなかった社会的責任は、どう償《つぐな》うつもりなのだろうか。

形の上での義明封じ込めか?

後藤プランによる二重持株会社方式はたしかに不可解で、一般には理解しがたいものがあるが、西武ホールディングスの実質的持株会社となるNWコーポレーションは堤義明にとっての居場所であると同時に、「堤家封じ込め会社」的な性格ももっているとみれば、わからないでもない。かりに猶二らがNWコーポレーションを手にすることになったとしても、NWコーポレーションが保有する西武ホールディングスの出資比率は一五パーセントにすぎない。だから、ここを手に入れたところで、猶二らが西武本体を支配することはできない。

この持株会社は義明の命綱であると同時に、猶二らが裁判で勝訴した場合の封じ込め装置として作用する役割も込められていたものと思われる。

一方、たとえ一五パーセントにしろ、主が義明となれば、西武経営陣は、引き続き義明に指示を求めるだろう。義明の実質的な支配権は温存される。

義明の側近は、面従腹背《めんじゅうふくはい》の者たちではない。そうした人物なら、はじめから西武へ入らないし、とうの昔にクーデターが起きていたはずだ。グループ各社の代表といえども、「指示待ち人間」にほかならない。それは優秀な手足だが、頭脳ではない。西武プロパーはサラリーマンではなく、「家臣《かしん》」なのだ。

したがって、義明の持株比率が低下しようとも、それとは関係なく、依然として義明の存在は大きい。そうした人間関係に西武の特異性があり、改革する側にとっては、そこに西武体質のやっかいさがある。

形の上で義明は封じ込められたが、本尊《ほんぞん》が秘仏《ひぶつ》になっただけに、その影響を排除するのはよけいに困難になったような気すらする。

彼を頂点として一糸《いっし》乱れぬ体育会的運営を基本としてきた西武の改革には、株式構成の変化以上に、企業文化の再構築を必要としている。

オーナー絶対思想の不幸

西武再建の成否は、外部から大量の役員を投入できるかどうかにかかっている。イエスマン集団からの脱却が求められているからだ。

過去半世紀近く続いてきたコクドの借名株、西武鉄道株に関する有価証券報告書虚偽記載などが隠蔽《いんぺい》できた背景にこそ、西武の体質がある。そうした西武経営陣に自浄作用は望めないし、自覚的に意識改革ができるとも思えない。

彼らの意識は「義明の西武」であり、「義明の使用人」なのであったからだ。

この意識が抜けないかぎり、西武グループに真のコンプライアンスは生まれない。

西武グループの経営陣、従業員は、義明のほうばかりを見て、社会や顧客をないがしろにしてきた。一例として、プリンスホテルに義明が来館すると、スタッフ一同、宿泊客そっちのけで義明を出迎えていた。それを当たり前のように受け入れてきた使う側も、どっちもどっちという印象を受ける。

ある経済誌の社長がコクド本社に堤義明を訪ねたとき、女性社員がお茶を運んできて、先に堤義明の前に置いた。とたんに義明はその茶碗を払いのけて、部屋の隅まで飛ばしたという。

お客さんより先に自分の前に置くとはなにごとか！　ということだろうが、私には、つい無意識のうちにも、先に堤義明の前に置いてしまう社員の行動のほうが気になってしまったものだ。

こうした新興宗教まがいの洗脳集団に蔓延《まんえん》するオーナー絶対思想、古色蒼然《こしょくそうぜん》とした感覚が、西武という企業体を特異化し、社会常識とのズレを形成してきた。その事実に気づかない、気づこうともしないところに、西武の、なによりも経営者・堤義明の不幸があった。

そのような企業風土を変革させるのは容易ではない。

今回、後藤高志が示した自主再建という美名のもとで示したスキームに、この西武固有の価値観を正面から変えようとする意気込みは感じられない。

企業の信頼回復をどう果たすつもりでいるのか、それが明確に示されているとはいいがたい内容である。

総会屋への不正利益供与事件等で西武の暗部にメスを入れた東京地検特捜部だが、借名株問題に端を発した相続税疑惑にまでおよんでいない点に物足りなさを覚える。

前記したように、国税庁がらみに発展しかねない問題だけに、政治的判断ありきと思われる案件ではある。その闇の部分は永久に封印されてしまうのだろうか。


堤康次郎は鳩山一郎《はとやまいちろう》派の衆議院議員であり、衆議院議長を務めた政治家でもあった。当初、康次郎は政治家としての自分の後継者として、四男の康弘《やすひろ》を充てようとしていたフシがある。

ところが、昭和三九年（一九六四）に死去したあと、次の総選挙（一九六七）で滋賀県の康次郎の選挙区から後継候補として出馬、初当選を果たしたのは、山下元利《やましたがんり》であった。なぜここで山下が登場してきたのかは謎である。

山下は堤と同郷の滋賀県出身で、戦時中の昭和一八年（一九四三）に東大法学部を卒業して大蔵省に入省、主税局国税第一課に配属された。そのときの課長が池田勇人《いけだはやと》であった。堤は池田勇人とも親交があった。

山下は戦後、鳩山一郎の秘書官を務めていたことがあるが、鳩山内閣が総辞職したあと大蔵省に戻り、一九六二年から三年間、主税局税制第一課長を務めている。

堤康次郎の死の翌年、一九六五年に広島国税局長に就任しているが、広島は池田勇人の地元であり、しかもこの前年に堤は死去している。

脱税か、節税か

堤康次郎の突然の死で急浮上してきたのが、事業継承、遺産相続の問題であった。

とくに遺産相続では、株を法人名義にしていたことで康次郎の個人資産を極力少なくし、巨額の相続税を免れることができた。

これには社内弁護士として西武グループの訴訟等、法律に関する問題を処理してきた中嶋忠三郎《なかじまちゅうざぶろう》が大いに腐心《ふしん》するところとなったが、いかに中嶋といえども、国の制度までは変えられない。

中嶋は、「税の方面のことは別の専門家がやっていた」と述べているが、堤家の相続問題では、税制のプロであった山下元利が知恵をしぼったであろうことは想像に難くない。

広島国税局長を最後に、山下が官界から政界に身を転じた時期と重なる点が注目される。しかも、堤康次郎の選挙地盤を受け継いだのが身内ではなかったことと無関係とは思えない。

　堤家相続案件に果たした山下元利の役割について論及した書物は見当たらないが、コクドの借名株の目的は、同族認定を回避することにあった。同時に、そうした処理が相続税対策にもなっていた。ありていにいえば、「脱税工作」にほかならなかった。

　そのときの功績で、山下は堤家の支援によって国会議員になったとみるのは穿《うが》ちすぎだろうか。


　今回、検察が西武鉄道株をめぐる不正捜査で幕を引き、借名株《しゃくめい》疑惑に触れなかった裏には、こうした政治的な経緯がからんでいたためと考えられないだろうか。

　国税庁が相続税逃れを内々で調べていたといわれるが、実際のところ、つかんでいたことのすべてを公表できたとはとても思えない。堤家相続問題処理に知恵を授けたのが、もしも、当時の国税当局だったとすれば、それも当然であろう。

　五〇年以上も前の時代、堤家と政界・官界には親密な関係があった。康次郎が個人名義の財産を極力圧縮できたのも、知恵者がいてこそであったに違いない。

　脱税か、節税か、かぎりなくグレーゾーンだが、西武鉄道・コクドの借名株疑惑は、いまなら間違いなく政界へ飛び火する一大スキャンダルになったことだろう。

コクド株名義偽装工作

たとえば、名義を貸した人たちの印鑑をコクドが一括管理しているなど、関係者の口から、不自然な事実も語られていた。しかも、その印鑑はコクド役員をしていた人物の東京・港区の実家のハンコ屋（石田印房）が納品したものだったこともわかっている。

堤猶二が提訴したコクド株所有権確認訴訟の第一回弁論（二〇〇五年三月）で、プリンスホテル専務・田辺勤、常務・粟津薫、取締役・宮澤威雄が、「コクド株は自分の所有するものではなく、堤家に帰属している」という内容の答弁書を提出している。

粟津は康次郎の代からのプロパーで、秘書を務めた人物である。名義偽装工作の一部始終を知りうる立場にいた。その彼の発言だから重みがある。

当時、コクド社長の大野俊幸、プリンスホテル社長の山口弘毅が動揺したのは当然だろう。のちに粟津は山口から前言を撤回するように再三再四求められたが、拒否している。

ここで気づかされるのは、康次郎時代から堤家に仕えてきた側近たちと、義明の代になってからの人物にみられる温度差だ。前者は必ずしも義明の側に立たず、あくまでも堤家に忠実であろうとしていた。後者は堤家ではなく、義明個人に忠実であろうとする。つまり、堤家と堤義明が同義語ではないのである。

現経営陣の多くが「堤家の西武」ではなく、「堤義明の西武」を守ろうとしていた点に注意を払う必要があろう。

山口や大野などの側近は、義明の部下であるが、堤家の家臣ではない。

その意味からも、義明の存在が、堤家から独立ないし分離されていることがわかる。この現象こそが、現在にいたる堤一族を象徴している。

猶二らが「コクドは堤家の財産」と主張する裏には、「義明一人の財産ではない」という思いが込められている。そこには積年《せきねん》の思いが満ちていよう。

一方の義明は、兄弟らの関与を是《ぜ》が非《ひ》でも排除し、康次郎の正統後継者という立場を死守することに躍起になっていた。この構図が、世間から「くだらない財産争い」とみられてきた原因にもなっている。

同じ堤康次郎の子でありながら、長年にわたって義明によって排除ないしは抑圧されてきた猶二、閑職に追いやられ、ついにはそれからも追放された康弘《やすひろ》の思いはいかばかりだろうか。

義明も異母兄の清二に対しては、深謀遠慮《しんぼうえんりょ》をみせていたが、実弟の康弘や猶二に対しては、同じ拒絶でも、露骨な態度をみせてきた。

康次郎の後継者となった義明に対しては、母親の恒子《つねこ》も遠慮がちであったという。彼女には、義明に対するなにかしらの負い目でもあったのだろうか。

近くで見た義明の意外な素顔

義明には意外な側面がある。

よく「暴君」呼ばわりされるが、それは彼が意図して鎧《よろい》をまとってきたからではないかと思う。私が知るかぎり、素顔の彼はけっして「こわい人」ではない。自由奔放な清二に対し、若いころの義明は、むしろ物静かで、まるで目立たない存在だった。

清二は父親に反抗して左翼運動に身を投ずるような行動をとったが、義明にはそうしたことはまったく考えられなかった。父親のきつい教えにも辛抱強く耐え、忠実であろうとした。

当時を知る者からみれば、年長の部下を怒鳴りつけたり、ときには手をあげたりする「暴君」の姿は、とても想像できない。

「暴君」の座についたあとでも、どうかすると、ふと昔の彼を思わせるような行動を目にすることがあった。

以前、母・恒子の葬儀や東急会長であった五島昇《ごとうのぼる》の葬儀の席で、人目をはばかることなく号泣していた姿が印象に残る。

長女・千香が幼稚園児のころ、運動会での借り物競走に周囲の親たちと一緒に参加、はしゃぐ姿は、やさしい父親そのものだった。

こうした素顔の義明が報道されたことは、ほとんどなかった。

世間では清二評が高いようだが、はたしてそれが真の姿であるとはいいきれない。文化人としてオブラートに包まれた清二、暴君の鎧をつけた義明――どちらも、その一面だけで評価されているとしか思えない。

堤兄弟の人間関係には、表面だけをみて判断できない面がある。

個人の性格や気質はともかく、経営者としてみると、この二人は意外に共通点が多い。ともにワンマン経営者で、拡大志向型。反面、守りに弱い。

同じく私鉄経営者で二代目を務めた東武鉄道の根津嘉一郎《ねづかいちろう》とはまったく反対のタイプである。根津は無理をしなかった。気張らず、守りに徹する経営者であった。

そうしたトップのカラーが東武グループと西武グループの企業カラーに如実にあらわれている。関東の私鉄には、創業家の血筋を引くトップが目立った。二代目経営者としては東武の根津嘉一郎、東急の五島昇、西武の堤義明がいるが、三代目となると、東武の根津嘉澄《ねづよしずみ》だけである。

堤義明は長男の正利を西武建設に、次男の広利を西武鉄道に入れている。しかし今回の再編でどうなるか、先はみえない。

西武ホールディングスの持株会社、ＮＷコーポレーションの存在がその鍵を握っているが、義明復権への足場になるか、堤家封じ込めの座敷牢になるかは、きわめて微妙である。

第九章　自壊は前々から進んでいた

人影が少ない西武系の箱根

久しぶりに西武系各施設に足を運んでみた。

箱根は西武が東急との覇権争いで、「箱根山戦争」を繰り広げた地である。獅子《しし》文六《ぶんろく》の小説『箱根山』のモデルにもなった。

一九五〇～六〇年代の高度成長期、東急をバックとした小田急系の箱根登山鉄道と、西武直系の駿豆《すんず》鉄道（現・伊豆箱根鉄道）が激しく対立し、結果として箱根の観光開発が一挙に進んだ。

しかし、箱根に往時の勢いはなかった。駒ヶ岳《こまがたけ》ケーブルカーの廃止がいまの西武を端的に物語っている。東武独占の日光と比べると、その違いがよくわかる。

箱根にある西武系観光施設は次のとおりだ。

〈ゴルフ場〉

大箱根カントリークラブ

箱根くらかけゴルフ場

箱根湯の花ゴルフ場

箱根園ゴルフ場

〈ホテル〉

ザ・プリンス箱根芦ノ湖

芦ノ湖畔蛸川温泉　龍宮殿

箱根湯の花プリンスホテル

箱根仙石原プリンスホテル

箱根　蛸川温泉・旅館　芙蓉亭《ふようてい》（一時営業停止中）

もっとも目につく施設として、ザ・プリンス箱根がある。一九七八年、箱根園の中に開業させた二八六室のリゾートホテルで、芸術院会員・村野藤吾の設計になる。円形の建物で、どこかしら京都宝ケ池《たからがいけ》プリンスホテル（現・グランドプリンスホテル京都）に似ている。

凝《こ》ったつくりのロビーに人影はまばらで、ガランとした空間が異様に目立っていた。ちょうどツツジの咲く季節だったこともあり、多くの観光客の足は、隣接して建つ小田急山のホテルに向かっていた。旧岩崎家別邸の跡地であるそこには、ツツジで知られる庭園がある。人々はそこに吸いよせられていく。

あじさい電車でアピールする箱根登山鉄道、そして新型の特急ロマンスカーの就役に沸く小田急に、完全に差をつけられた印象が強い。

東京からの足として特急ロマンスカーや高速バスをもつ小田急に対し、西武はそうした足を持たない。いわば「待ち」の商売をしている。これが西武系の特徴で、箱根にかぎらず、拠点開発型の観光開発である。客の送迎はすべて他社の交通機関任せだ。

軽井沢へは西武の高速バスが走っているが、主力輸送機関はＪＲである。

開業直後は人気があった箱根プリンスホテル（現・ザ・プリンス箱根）も、いまでは数あるホテルの一つにすぎない。芦ノ湖遊覧船にしても、小田急系の箱根観光船がリードしている。

西武の劣勢ばかりが目立つ。

西武系施設はリニューアル工事をほとんど実施しなかった。それもあって、年々競争力が落ちたが、とくにホテル事業にそれが目立っていた。

メンテナンス意識が薄く、新規出店に資金を集中させるばかりで、既存施設に目が向かなかった。それでは客足が経年とともに遠のくのも無理はない。

西武は時代を読みそこねていた。その典型がレジャー施設にあらわれている。

時代の要求が、「動から静へ」と変化して久しい。アスレティックからイーセティックに向かっている。それはリラクゼーションであり、ヒーリングが求められていることを示しているが、西武系レジャー施設の多くは、いまだスポーツ系に集中している。

女性客の好みを的確にとらえることが苦手なのは、人材採用に偏《かたよ》りがあるためではないのか。発想が硬直化していれば、各施設の入場者が減少するのは必然である。

たとえば苗場《なえば》プリンスホテルの低迷も、スキー人口の減少が最大の要因になっている。スキー、スケート、テニス等にウェイトが高く、バランスが悪いため、構造不況におちいっているように思われる。

こうした点を再考しないかぎり、再浮上はおぼつかないだろう。

「質より量のプリンス」

一方で、プリンスホテルのレストランは、たしかにゴージャスな内装を施しているところが多いが、そこで調理される料理の素材がいまひとつで、味に魅力が感じられないケースが多々ある。

日本が貧しかった時代には、各ホテルやとくに温泉旅館などでは、豪華な内装や大ローマ風呂などを目玉にして、客を「いっときの王侯貴族」気分にさせてくれた。ふだんの貧しさから、別世界へ誘う手法である。純金風呂など、まさにその典型例だった。

しかし、昨今ではその手法は通用しない。本物の豊かさも求められる時代になったからだ。

現代の日本人がホテルのレストランに求めるものは、料理の味である。客室に求めるものは、サービスであり、癒しである。

そうした点でプリンスホテルは遅れている。それは、いまだにハードで勝負をしようとしているからだ。ソフトがまるでついてこない。

プリンスホテルのレストラン、ル・トリアノンで食した鱒《ます》が、養殖物のフカフカの味だったため、ひどくがっかりさせられた経験がある。原価率を抑えていることが一目瞭然、いや一舌瞭然だった。こうしたサービスを見直す必要があろう。

いい食材を提供してあげないと、コックの士気はあがらない。ホテル経営者が味オンチでは、お話にならないのである。

ホテル事業が建物で勝負できる時代は終わっている。プリンスホテル低調の原因の一つに、ソフト面のおくれが指摘できる。形はととのっていても、内容が見合わない。サービスの本質を理解していないからだろう。

いまだ「質より量のプリンス」というのが、大方の感想ではないだろうか。

「コクド詣で」の結末

バブル期に若年層を中心に高まったプリンス人気も、いまは昔の物語となっている。

人々のレジャー動向の変化も、プリンスホテルの低迷に拍車をかけた。ある時期、リゾート法に踊らされて、全国各地の自治体がこぞって観光振興に狂奔した。その中でもコクド、西武グループを頼った自治体は、悲惨な結末を迎えている。

俗にいう「原宿詣で」（コクド本社の所在地）をし、お願いする形でプリンスホテルを誘致したものの、夢破れ、残ったものは負債の山。こうした例が少なからず存在している。

青森の鯵ヶ沢《あじがさわ》プリンスホテルもその一例だ。冬季オリンピック誘致で沸いた長野県も、例外ではない。

地元の自治体では堤義明《つつみよしあき》の力を額面どおりに信じ込んでいた。しかし、それも西武鉄道株と同様、偽装されていたような気がする。

ウィンタースポーツ界に君臨してきた堤義明だが、その実態は、スポーツ振興に名を借りた商売にすぎないとの指摘もある。

ＮＷコーポレーション代表の冨田正一、金井英明にとどまらず、前ＪＯＣ会長の八木祐四郎も、東京美装なる会社のオーナーとして、プリンスホテルの清掃、メンテナンスを受注している。八木は、スキージャンプの選手を集め、高所に慣らすためと称して、プリンスホテルの窓拭きのアルバイトをやらせていた、との話も、私の耳には届いている。

堤義明自身がＪＯＣや日本体育協会の要職に名を連ねてきた。とくにウィンタースポーツ界を牛耳《ぎゅうじ》ることで、コクドのビジネスを有利に展開してきた。

その偽装が剝《は》げたとき、悲惨な現実が露出する。そのもっとも顕著な実例を、久しぶりの箱根でみせつけられたような気がしたものだ。

堤義明は理論派人間を好まない。理屈を言う人材を排除し、イエスマンで側近を固めてきたが、二〇〇四年の西武騒動とその後の処理で、そうした側近たちが役立っていたとは思えない。危機管理の甘さばかりが露呈していた。

側近の中から、彼をリリーフする人材がまったくあらわれなかった事実が、それを物語っている。

西武鉄道株の上場廃止処分で、西武グループ全体の企業資産価値が急落し、親会社のコクドが経営危機におちいった。

堤義明とその側近たちにごく常識的な危機管理能力があれば、急場をしのげたはずだ。一年ぐらいを持ちこたえれば、地価が回復基調を示す中で、西武の自壊は避けられたはずだ。

初期段階での対応のまずさがよけいに傷口を広げてしまった。その後の行動もその場しのぎに終始し、自力では西武再建への道筋もつけられず、他力本願状態で二転三転、右往左往するばかりだった。

グループの再建をいったんは主力銀行に任せたかと思えば、途中で投資ファンドに切り替えてしまう。目まぐるしく変わる「ネコの目」再建劇。

神通力《じんつうりき》がなくなったにもかかわらず、なお堤義明を頼る西武経営陣からは、彼に対する責任追及の声はまったくあがってこなかった。

こうした一連の流れをみるにつけ、西武への信用不安が急速に広まった理由がよくわかる。自浄能力がみられず、企業のガバナビリティが欠落しているところに、コンプライアンスの確立はありえない。

西武という「村」社会の中でしか通用しない貨幣、ないしは言語がある。そこでは、社会との双方向的インターフェイスは存在しない。

堤義明が会見で発した「なぜ上場したのかわからない」の一言で、事態は急速に悪化した。この不用意な発言にもっとも腹を立てたのは、東京証券取引所だったのではないか。その上場廃止にいたるプロセスが、そのことを裏づけている。

「会長に敬礼！」

堤義明は、辞任会見から逮捕にいたるまでのあいだ、雲隠れを決め込んでいた。独裁者なら独裁者らしく、本人みずから堂々と、西武グループ経営改革委員会と議論を闘わせるべきであったのに。

彼は自分が不利になる場には出ようとしない。

かつて起こした赤坂プリンスホテルの食中毒事故で、幹部が口にした弁明は、滑稽《こっけい》ですらあった。

「各ホテルは独立した企業と同じ。堤オーナーの会見は特段必要ない」

総支配人のお詫びで事態をおさめようとしたのだろうが、堤義明支配の西武にあって、各ホテルが独立した企業という状況などありうるはずがない。

西武鉄道で大事故が発生、多くの犠牲者を出したとしても、堤義明本人が記者会見の席に出てくることはなかったろう。

会長として君臨すれども、頭は下げない。これが西武という企業グループの本質であった。

いまは西武再編で、堤義明はＮＷコーポレーションの大株主にすぎなくなった。役員ではないので、経営上の責任を負ってはいない。こうして、また一歩、奥に引っ込んだ感がある。

以前、次男の広利がサンシャインシティプリンスホテルで結婚披露宴を挙行したとき、ホテル内のいたるところに社員を配置し、出席していた義明に一般客を近づかせないよう、厳重に警備をしていた。

そうした立場にいて、彼は号令を発してきた。

堤義明が西武鉄道の視察をしたときの光景は、国際的拉致犯罪を犯した某国の独裁者のそれとそっくりである。

「会長に敬礼！」

掛け声とともに、駅長以下全員が直立不動で最敬礼で彼を出迎える中、彼は「ご苦労さん」といいながら悠然と通りすぎていく。他社では絶対にお目にかかれないセレモニー。

視察に名を借りた自己顕示にしかみえない。

職場の現状視察が目的なら、抜き打ちで、たとえば一般乗客に紛《まぎ》れて行なうべき性質のものだろう。一人の客として視察し、不都合な点があれば、責任者に指示をする。それがまともな経営者のやり方だ。

あきれたホテルレベルの低さ

彼はおそらく日常の西武をほとんど知らなかっただろう。ホテルの低迷も、経営上の失敗も、彼が実態を知らなかったための必然的帰結のように思われる。

彼は社員らに最敬礼で迎えられることに、「安心」を求めていたのかもしれない。裏を返せば、自らのガバナビリティに自信がなく、その確証ほしさから、そんな儀式が必要だったのだろうか。

彼はよく自慢げに、自分はプリンスホテルの食器や灰皿にまで目を光らせていると語っていた。いくら細部に注意を払っても、サービスの本質という大局を見落としていたら、総帥としての価値はない。

彦根《ひこね》プリンスホテル最上階のレストランで食事をとったときのことだ。ウェイターに琵琶湖《びわこ》の対岸に見える山の名を尋ねると、

「比叡山《ひえいざん》でございます」

まるでトンチンカンな答えが返ってきた。そこから見えるのは北比良《きたひら》の山々のはずだ。ホテルのスタッフは、ホテル内のことはもとより、周辺の情報や、ホテルからの眺望についてもよく知っておく必要がある。

展望レストランのスタッフが、窓の外の景色を知らないとは驚かされたが、こうしたところにも、プリンスホテルのサービスのレベルの低さが露呈《ろてい》している。

そのウェイターが正社員なのか、パートタイマーなのかは関係ない。客が同じ料金を支払う以上、サービスも同等でなければならない。

東京プリンスホテルにチェックインしたとき、フロントで「床がブルーグリーンの部屋を」とリクエストしてみた。

もう三〇年も前の話だが、当時の客室は階によって床の色が三色に分かれていたが、フロントの女性の返答は、

「ちょっとそれはわかりません。どのフロアがブルーグリーンだったか」

私がプリンスホテルを評価しないのは、こうした体験の積み重ねからだ。すべてを統括する立場にある堤義明の教育に疑問を感じたからである。

本物の一流ホテルなら、客の細かなリクエストにも瞬時に応えてくれるはずだ。花見をしようとキャピトル東急ホテルにチェックインし、そのことを伝えてみたところ、

「それでしたら七階がおすすめです。高からず低からず、日枝《ひえ》神社の桜がご覧いただけます」

七二八号室にアサインしてくれたが、まさにベストポジションであった。こうしたサービスがプリンスホテルには欠落している。

つねに「現場主義」を口にしていた堤義明だが、それならなぜスタッフが育たないのだろうか。最敬礼の中を通りすぎるだけでは、ほんとうの現場は見えない。だから、プリンスホテルの客離れのほんとうの原因を彼は知らない。言葉だけで最高級を唱えても、実質はともなわない。

いずれにしても、西武の再建は財務指標を考える前に、各施設のスタッフの再教育が不可欠である。プロ不在では、一流の域にはほど遠い。素人経営で巨大化したプリンスホテル再生への道のりはけわしい。

プリンスホテルの再生には、いまこそホテルのプロパーとしての堤猶二《つつみゆうじ》の力が必要だと思うのだが……。

自壊は静かに進んでいた

コクド・西武グループにおけるリゾートおよびレジャー事業の中心はホテルとゴルフ場で、この両者が不可分な形で経営されてきた。そのゴルフ事業がおかしくなったのは、だいぶ以前のことである。

西武ゴルフ株式会社が所有する函館大沼《はこだておおぬま》プリンスホテル、ニセコ東山《ひがしやま》プリンスホテルを、二〇〇〇年四月にコクドに売却している。

グループ企業内での売買で帳尻《ちょうじり》を合わせているわけだが、バブル崩壊の影響が表面化し、このころすでにコクドの経営も行き詰まりを見せていた。

西武系ゴルフ場はパブリックコースなので、ホテルと合わせて売却される方向で進むと思われるが、返済原資に見合う額の捻出はむずかしい。都心のホテルと違って、買い手がつくかどうかさえわからない。村上世彰《むらかみよしあき》が明言したように、損切りするしかなさそうに思えた。

西武ホールディングスでは売却を白紙撤回したが、現実にはすでにプリンスホテルの閉鎖がはじまっていた。

プリンスを名乗らない西武系ホテルの閉鎖の例としては、二〇〇二年一二月の近江プラザホテル（近江鉄道傘下）がある。また、第三者から経営受託した長崎プリンスホテル、守口プリンスホテルも、受託契約を解かれている。

すでに西武系ホテルの地滑りが、二〇〇四年の「事件」発覚以前からはじまっていたことがわかる。自壊は静かに進んでいたのである。

一九八二年に開業した新高輪プリンスホテルでさえ、稼働率五〇パーセントといわれていた。バブル景気で救われたが、プリンスホテルの客室稼働率の低さは、ホテル業界でつねにささやかれていたことだ。

都市ホテルも宴会と団体客で持ちこたえようとするため、当然ながら客室単価は低下する。

とくに東京・池袋にあるサンシャインシティプリンスホテルなど、アジア各国からの団体客でごった返している。稼働率をあげるため、大幅ディスカウントでホールセール（旅行代理店への卸し販売）をしていることが明白である。

プリンスのブランドが高級イメージに結びつかないのも、こうした点にある。

大物政治家人脈の虚実

国会の至近距離に、三軒のホテルがあった。
①キャピトル東急ホテル（現・ザ・キャピトルホテル東急）、②ホテルニューオータニ、③赤坂プリンスホテル（現・閉鎖）
政治家がパーティを開くときにどのホテルを使うかが、派閥によって分かれていた。

森派（旧）は赤坂プリンスホテルを集中的に使っていたが、これは森喜朗《もりよしろう》の親分筋の福田赳夫《ふくだたけお》が同ホテルに事務所を置き、堤義明に近かったからだ。小泉純一郎《こいずみじゅんいちろう》が同ホテルでよく食事会を開いていたのも、同じ流れである。

以前、国鉄総裁人事が高木文夫《たかぎふみお》に決まると、原宿のコクド本社の会長室にいた堤義明が、その人事に不満だったらしく、秘書に対し、「おい、福田さんに電話をしろ」といったという。

彼の軸足は福田派にあったが、田中角栄《たなかかくえい》にも接近をはかっていた。全方位外交のつもりだったのだろう。

サンシャインシティプリンスホテルだったと記憶しているが、そのオープン式典にあらわれた田中角栄に両手で握手をする堤義明の姿があった。母・恒子《つねこ》の弔問《ちょうもん》に駆けつけた田中を九十度のおじぎで見送る義明の姿も印象的だった。

森喜朗と小渕恵三《おぶちけいぞう》は同じ早稲田閥。小渕は早大観光学会に属していて、プライベートでは義明は後輩の小渕を「恵ちゃん」と呼び、小渕は義明を「オーナー」と呼んでいた。

小渕の地元の群馬県では、西武は嬬恋《つまごい》プリンスホテル、万座プリンスホテル、万座《まんざ》高原《こうげん》ロッジ(現・万座高原ホテル)を事業展開している。

堤逮捕の直後、某政治家がぽつりと漏らした言葉が印象的だった。

「堤さんに世話になった政治家は多いからなあ」

その一方で、ジャーナリストの田原総一朗《たわらそういちろう》はこんなことをいっている。

「堤さんはケチだから、政治家に金を出さないんじゃないかな。私なんか食事に誘われたこともないよ」

堤義明にはジャーナリストとの付き合いはあまりなく、唯一の例外が針木康雄だ。経済誌「BOSS」を発行し、以前は「財界」の主幹を務めた人物である。

一連の事件報道で多くのジャーナリストが義明叩きをしていたが、針木のコメントは彼を是々《ぜぜ》非々《ひひ》で語り、もっとも血の通った論評をしていた。付き合いがないと、その人物の一面しか見えず、針木のような冷静なコメントはなかなかできないものだ。

「裁判の証人を小泉に頼もうか。森はいうことを聞かないから」

東京拘置所で堤義明がそう語ったとの報道が流れたことがあったが、どう見ても新聞記者のフライングとしか思えない。この手の報道が多く、首を傾げたものだ。

これには某週刊誌の記者がさっそく私のところに電話をしてきた。

「あの報道はほんとうでしょうか」

不思議に思って当然である。ほんとうかどうかより、そんな戯言《ざれごと》を記事にするほうがおかしい。冷静な目をもてない記者が、そうした報道をネタにしてさらに記事を書くから、真相がどんどんみえなくなってしまう。

コクド総務部次長の木内保や西武鉄道社長の小柳皓正の自殺記事が「サラリーマン哀歌」のような内容に終始し、ことの本質をゆがめていた。それだけに、彼らには生きて説明責任を果たしてほしかったと思わずにはいられない。

実際のところ、外様組の小柳がなぜ自殺までしたのか、その真相がよくわからないから、よけいに憶測を生んでしまう。その死で地検特捜の捜査に影響が出たとしたなら、なおさら残念なことである。

戦後経済界の闇

私はすべての根源は、コクドの不明朗な借名株《しゃくめい》にあったと考えている。捜査が西武鉄道による有価証券報告書虚偽記載と堤義明による株の不正取引で終わってしまったが、源流にたどりつけなかった虚しさが残っている。

堤康次郎《つつみやすじろう》が没して半世紀になるが、この問題はどうしても明白にしておかなくてはならない事柄だと思う。それは、堤家のプライベートな問題を土台としつつも、じつは戦後経済界に横たわる闇の解明にもつながりうる懸案だからだ。

堤逮捕のあと、マスコミは食い散らかすようにして西武問題から離れ、ワイドショーは再びお得意の三面記事ネタを流しはじめた。ライブドア、村上ファンド、日銀総裁叩き……。西武、コクドの借名株にまつわる件こそが、一連の西武問題の根幹をなす核心部分であったはずなのに。報道機関はその決着にこそ関心をもって、広く国民に伝える責務があったはずなのに。

一連の西武事件は、企業の責任、株主と企業との関係、税の公平性など、さまざまな意味で私たちに重大な問題を問いかけていた。単なるスキャンダル報道で終わらせるべき浅薄《せんぱく》な出来事ではなかったはずだ。

西武グループほど日本的企業構造を内在する会社はない。経営形態のみならず、それは労使間の関係にもおよんでいる。

堤康次郎が唱《とな》え、今日まで西武の社是としてたてまつられてきた「感謝と奉仕」は、換言すれば「滅私奉公」ともとれる。そうした伝統的価値観、日本人の労働概念に関する問題をも提起している。

終身雇用、会社家族主義の崩壊で、日本の社会がいささか混乱しているいまこそ、堤康次郎イズムの是非を考えてみるべきではないだろうか。

「血縁」と「ご学友」

西武のルーツが軽井沢を拠点とした沓掛《くつかけ》遊園地という別荘分譲事業にあることはすでに記したが、その後の千ケ滝《せんがたき》遊園地、箱根土地会社においても、その要職人事を康次郎の血縁者で固めていた。

現在にいたるまで、この伝統が受け継がれ、西武グループという企業集団の個性になっているが、その同族的な閉鎖社会の長として君臨してきたのが堤義明である。

ただし、義明の代になって、同族の意味するものが「血縁」から「ご学友」に、先代にみられた擬似家族的な人間関係が、大学のクラブ活動的色彩に変化している。この変化の意味するところは、意外に大きい。

堤義明は完璧な垂直統合によるトップダウン経営を基本とした。それは人事面に典型的にあらわれている。血縁者間での上下関係は、たとえば親子間のような色彩を残すが、他人同士のそれには、ウェットな部分はない。決然とした主従関係があるのみだ。

堤義明は血縁者である実弟との関係にまでそれを持ち込み、結果として溝を深めてしまった。康次郎の側近たちが彼のことを親しみを込めて「オヤジ」と呼んでいたが、義明の側近にそうした空気はない。

鎌倉霊園にある康次郎の墓守《はかもり》を、毎夜二名の社員が当番制で担当していた。

大雨が降ろうと、雪が降ろうと、毎日、西武グループの社員二人が創業者の墓に詣でて、古代の古墳を思わせるような墓の脇に建つ小屋で、一晩を明かしていくことになっていた。

これは当初、康次郎の側近たちが、「オヤジを一人にしてはかわいそうだ」といいだしたことから、自然発生的にはじめられた習慣であったが、その後、グループ内で制度化され、強制になっている。

その昔、大雪の夜、西武鉄道の現場従業員たちは、湯を沸かし、徹夜で線路のポイントにかけて凍結を防いだ。ポイントが凍りついて始発電車を通せなくなったら、それこそプロの恥。西武にはそうした気概があった。

ストライキをしない私鉄としても、西武鉄道は稀有《けう》な例である。

こうした気風は、「恐怖政治」から生まれることはない。

堤康次郎がワンマン経営者であったことは間違いない。土地買収ではかなり強引なこともしている。しかし、部下から慕われ、社員から親しまれていたこともまた事実である。創業者には人間的な魅力があった。西武が結束《けっそく》を固めるのは、そうした土壌があってのことだ。

いくら康次郎がワンマンでも、戦後の労働運動が高揚した時代に、力ずくでの組合封じなどできるものではない。

「飴《あめ》とムチ」を使い分けるといった手法も、意図的に実践したものというより、康次郎のもつ人間性に負うところが大きい。

事業は継承したが、義明にはそこが決定的に欠けていた。

義明・清二の大きな苦しみ

若くして先代が構築した西武王国をまとめる大役を背負わされた義明は、自分の思いどおりに動く人間を部下に配することで、企業集団を統率するしかなかったのだろう。

邪魔する者、指示にしたがわない者を排除することで統率するといった選択肢しかなく、それが今日にいたる西武カラーになってきた。

過酷な立場に立たされて、冷たい鎧《よろい》をまとわなければ、先に進むことはできなかったのだろう。

自分から意図したこととはいえ、相談する相手もなく、一人悩み苦しんだと思う。一人天下を保つことで、かろうじて西武の求心力を保持してきた。それは、一歩間違えれば奈落に転落しかねない、ぎりぎりの綱渡りの連続だったに違いない。

康次郎イズムを守ろうとするあまり、いつしかそれとは似て非なるものを築いてしまったのではないか。

世人《せじん》は彼のような立場の人間を妬みこそすれ、同情などしない。やりたい放題の末に自壊したとしかとらえないだろう。

義明だけではなく、兄の堤清二《つつみせいじ》もまた世人の何倍もの苦しみを味わってきた。彼ら兄弟は、ともに自己の苦悩を忘れようとするかのように、事業を拡大しつづけた。

その方法論は、経営者として必ずしも「正義」とはいえないかもしれないが、それなりの成果を出した事実は否定できない。

康次郎が築いた社風が西武の原点ではあるが、その意味するところを再確認できても、いまからそこに立ち戻ることは不可能であろう。外資ファンドが大きな影響力をもつ市場原理主義の現場には、康次郎イズムは馴染《なじ》まない。

そうしたさまざまな要素を考えると、康次郎がつくった西武王国は終焉し、まったく別の西武に変質していくことは避けられまい。

それは一つの企業文化の終わりをも意味している。

資本構成上のことだけでなく、社風も含めて、堤康次郎がつくった西武は、会社というより、「商店」であった。社風、社是というより、家風であり、家訓であった。企業としてのコンプライアンスが確立されなかったのも、社会と向き合っていない体質のせいであった。

世間では、二〇〇四年の西武騒動をきっかけにして、堤義明が追放され、西武が再編されたかのように早合点しているが、いまはまだコクドがNWコーポレーションと名を変え、西武ホールディングスが西武鉄道とプリンスホテルの接着剤として登場したにすぎない。その意味では、根本的に変わったとはいえない。

これまでの動きは、みずほコーポレート銀行が画策した銀行主導による再建案に対し、西武側がこれを拒絶、自主再建の意地を示したにすぎない。

ほんとうの変革はこれからである。

堤清二という皮肉

外資を嫌っていた西武が、西友はウォルマート、コクド・西武はサーベラスと、外資を受け入れた現状は皮肉な結果である。

セゾングループとして分離された西武百貨店が和田繁明《わだしげあき》のもと、そごうと統合され、ミレニアムリテイリング傘下となったことで、一時は西武百貨店が西武鉄道と再統合するのではないかとの情報も流れた。

　しかし、ミレニアムリテイリングのスポンサーである野村プリンシパルが、それをセブン＆アイホールディングスに売却したことで、再統合も幻と化してしまった。

西武ホールディングスはその傘下に流通事業をもたないことになるが、これは大手私鉄グループにおいて異色である。つまり、総合生活企業になっていない。

　堤一族には、清二という流通事業で才覚をみせて二兆円企業にまで成長させた人物がいた。それを思うと、これまた皮肉な結果というほかはない。

　清二、義明が反目することなく協力しあっていたなら、西武は私鉄界でも最大規模の業体になっていただろう。無益な競争心で互いの企業体力を低下させて、ともに外資の軍門に下るなどということはなかっただろう。

NWコーポレーション株の莫大な含み益

　その不幸が経営陣にまで押し寄せてきている。

過去にコクド借名《しゃくめい》株のニセの名義人として利用されたOBたちから、一部の現役役員のみがNWコーポレーションの株主になって利益を得ているのは不当ではないか、との不満があがっている。

コクドがＮＷコーポレーションに平行移動したにすぎないので、一株あたりの株価は従来のまま二二三九万円であるが、額面一〇万円（コクドでは二〇〇四年六月に一〇〇〇株を一株に併合）であるから、ＮＷコーポレーション株取得者の含み益は莫大《ばくだい》な数字になる。

山口弘毅《やまぐちひろよし》三七株、横尾彪二七株、中嶋敏夫二四株、大野俊幸二一株。各約二二四倍の含み益だから、山口の場合、取得金額三七〇万円に対し、時価約八億三〇〇〇万円になる。「棚からぼた餅」といわれてもしようがない。

名義貸ししただけで終わっている甲斐田保、矢野恭久らＯＢから、「異議あり」の声があがるのも当然だろう。

そうしたさまざまな証言や事実関係を付き合わせていくと、コクド株の真の所有者が堤家であったことに客観性が出てくる。

経営陣がいうように、コクドに借名株はないとしたら、それは幽霊株というほかないだろう。まことに不可思議な話が多く、怪談話を聞く思いである。

第十章　独裁的闇将軍の最終章

株式支配が破綻すると

話はいたって簡単である。

要は、堤家の相続税逃れ、そして同族認定による税金を払わないための方便《ほうべん》にすぎない。株式支配することで西武を経営した堤康次郎《つつみやすじろう》が、その本丸である国土計画（コクド）株の過半数を本気で第三者に所有させるなど、まったくありえない。借名《しゃくめい》株の有無を論じるまでもない話だ。

過小資本体質を貫き、第三者による経営介入を阻止した堤康次郎の経営手法だが、これは高収益事業で有効なやり方であるが、そうでない場合、結局のところ借入金に依存することになり、有利子負債の増加につながってしまう。

つまり、債務超過におちいりやすい危険をはらんでいる。

西武において、拡大経営が失敗原因になったが、その資金調達を間接金融に依存しすぎていた。同族資本保護がその目的といえるが、逆にそのことで、経営権を保持できなくなり、皮肉な結果を招いてしまった。

西武における「土地本位制」が不動産価格の低下で破綻してしまった。その莫大な含み資産が経営再建の名のもとに、外資ファンドの餌食《えじき》になろうとしていた。

このことは同時に、主力銀行による経営再建の失敗を意味しており、当初の西武グループ経営改革委員会の失敗でもあった。その失敗の原因は、堤一族批判がともすれば感情に走りすぎていた点にあった。それが西武側の警戒心を必要以上に強くさせた。

現実を無視することなく、堤一族による株式支配の構造や人間関係の全容を十分に把握する必要があったのではないか。それを無視したやり方に終始することがなければ、より良い形での再建が可能なはずだった。

西武グループを再生させることが目的であって、堤一族を排除することが目的ではなかったはずだ。結果として堤一族の支配力が低下することはあっても、それはあくまで結果である。現在の再編スタイルは、形を変えただけで、西武そのものの再建になっていない点は既述したとおりだ。

本来なら、コクド保有の西武鉄道株をみずほコーポレート銀行が買収し、コクド所有の赤字施設を償却させ、コクド自体を処理する必要があった。

コクドが最終的に債務超過だったのなら、会社自体を清算すべきだった。

黒字化の見込みがある施設は、西武鉄道が買収し、そうでないものは損切りをしてでも売却してしまう方法もあった。

西武鉄道の増資でコクド優良施設買収の原資をまかない、経営を西武鉄道へ一本化させて再上場を図るというのが、本来のやり方だったと思う。一連の整理に要する資金は銀行団で拠出し、再上場時のキャピタルゲインを確保するという方法だ。

西武鉄道はプリンスホテルを完全子会社化した上で、株式上場を目指すことも視野に入れるべきだったのではないか。

西武再建はそうした方法で進めるべきだったが、西武ホールディングス、NWコーポレーションなどダブル持株会社方式でお茶を濁《にご》してしまった。

西武鉄道株主がコクド合併に反対していたのは、現状のままのコクドだったからだ。負債を処理した上での合併なら、また別の話であったはずだ。

債務超過なら、会社清算、これがもっともすっきりした処理だった。

そうした現状を堤義明《つつみよしあき》に十分に認識させる義務が、みずほコーポレート銀行にあったはずだが、いきなり「堤おろし」に走って、つまずいてしまった。銀行が力不足だったというほかない。

みずほコーポレート銀行の失策

みずほコーポレート銀行による銀行団取りまとめにも問題があった。

西武融資を大手都銀でまとめるため、みずほコーポレート銀行、東京三菱銀行、三井住友銀行の主力三行に限定し、融資残高で三井住友の上位にある日本政策投資銀行、中央三井信託銀行を除外していた。

このことで「大手都銀で情報を独占している」と他行から不満が出て、足並みが乱れてしまった。主力銀行のみずほコーポレート銀行の対応のまずさが、こうしたところにも垣間みえる。

そして、なによりも読み違えていたのは、後藤高志《ごとうたかし》を送り込んだことであった。

敵に塩を送ってしまった結果、みずほコーポレート銀行が描いていた西武再建案は吹き飛び、想定外の方向にねじ曲げられて進むことになった。

西武が外資ファンドを再建パートナーとして選択すること自体、通常ではありえない出来事であった。というのも、堤義明は日ごろからファンドに対して批判的であったからだ。

「利益をすぐに配当しろというアメリカに比べ、日本は幸せだ。配当で放出してしまうと、会社としての留保が持てず、投資に支障が出てしまうが、日本では株主が配当率をあげろとうるさくはいわない」

堤義明はそういう意味のことをいっていた。

みずほコーポレート銀行もよもや西武が外資ファンドをパートナーにするとは思っていなかったろうが、それだけ西武の台所事情が苦しかったということを意味している。

入院中の堤義明が外資ファンドのパンフレットを大事そうに持ち歩いていたとの証言もある。

彼としては、堤排除を前面に押し出していたみずほコーポレート銀行の再建案を、当初から呑むわけにはいかなかったからだ。彼としては、それに対抗する再建案を示す必要があった。

そして、紆余曲折《うよきょくせつ》はあったものの、最終的には、後藤高志が示したサーベラス案を堤は了承した。

サーベラスと日興プリンシパルインベストメンツは、堤義明を取り込むことで利益をあげるという、いわば「肉を切らせて骨を切る」腹づもりだったのだろう。ＮＷコーポレーション設立で義明の地位を確保することを条件に、サーベラスと合意したとみるのが自然だ。その条件が呑めなかったその他の投資ファンドは排除した……。

西武グループへのデューデリジェンスの問題より、そのことが優先された結果ではないだろうか。

西武をサーベラスより高く評価していた、堤猶二《つつみゆうじ》案によるウェストブルックやゴールドマンサックスを西武経営陣が無視した理由もみえてくるし、堤義明の意向がなお強く作用していた証拠ともいえる。

そこを見越した上で、サーベラス側は西武を手中におさめるための道具だての一つとして義明をみていた。

そうした手法は、みずほコーポレート銀行のような現状否定でなく、「現状活用」であったことがわかってくる。役者が一枚上だった。

かくして、サーベラスと義明とは、とりあえず利害が一致した。

みずほコーポレート銀行が攻撃的に出た理由も、理解できないことはない。

「西武は税金は払わない、役員会は開かないなど、まったくデタラメで、やりたい放題だ」

西武グループ経営改革委員会の諸井虔委員長が激しく西武批判を展開していた。

敵意さえ感じさせる発言が目立っていたが、その立ち回り方には考慮が欠けていたといわざるをえない。

それが災いして、結局のところ、同委員会の独り相撲に終わることとなった。

単なる「社内カリスマ」の不幸

当初から感情的対立を感じたものだが、その原因を読み解くと、すでに記したように、西武の秩父進出、三菱鉱業セメントとの関係に思いいたる。

西武鉄道が一九六九年に秩父まで路線を延長させて、西武秩父駅を設置した。そのときに、あえて秩父鉄道との乗り換え連絡を不便にしている。秩父鉄道の路線で西武秩父駅と隣接するのは御花畑駅だが、妙に離れてつくられた。

乗客の利便性を考えるなら、できるだけ近づけて建設されるはずだが、どうも技術的、地形的理由というより、経営上に由来する「作為《さくい》」が感じられる。

秩父鉄道の筆頭株主は、諸井の出身母体である秩父セメント（後の太平洋セメント）だが、こうした背景をまったく無視してとらえるわけにはいかないだろう。

財界人にも政治家以上に派閥がある。かつて松下幸之助《まつしたこうのすけ》が堤義明を持ち上げていたが、これは商売人としてのリップサービス。財界では、堤派という派閥は聞いたことがなく、親堤派すらいない。そういうこともあっての総バッシング現象だったとも受け取れる。

二代目経営者にはたいていの場合、バックに後見人が控えているものだが、堤義明にはそれがいない。清二《せいじ》にはかつて水野成夫《みずのしげお》（フジサンケイグループ）がいたし、五島昇《ごとうのぼる》に永野重雄《ながのしげお》（新日鉄）、根津嘉一郎《ねづかいちろう》（二代目）に正田英三郎《しょうだひでさぶろう》（日清製粉）が後見人を務めていた。

こうした財界重鎮《じゅうちん》のバックがいないだけに、風当たりも強くなる。財界では、堤家は名門扱いされていない。堤義明の防波堤は、自分の部下だけだ。苦境に立たされても、有力な助け船が出てこない。

東京証券取引所が早々に西武鉄道を閉め出すことができた背景には、そうしたことも作用していただろう。

世間では義明を権力者と思っていたが、それはマスコミがつくりあげた虚像、イメージによるところが大きい。彼は西武グループ内ではカリスマだが、それ以外の世界では、神通力は通用しない。

銀行筋とのパイプが太ければ、今回のような事態になることはなかったろう。主力銀行と協調して真の再建ができたはずだ。ファンド以外に頼る術がない現状が、堤義明のおかれた立場を物語っている。

コクドというブラックボックス

メインバンクとは、当該企業に対する融資残高がもっとも多いということだけでなく、つねにその経営のサポートやアドバイス、ときには人材派遣をして、支援すべき存在である。みずほコーポレート銀行と西武グループの関係は、そうなってはいなかった。単に融資残高がもっとも多かったから主力銀行とみなされていただけのことだった。

以前、某都銀の頭取がこんなことを口にしていた。

「西武は短期融資先で、利息もきっちり払ってくれる貸付先です。うちとしてはお得意さんですよ。ただ、長期プライムレートはしていません」

あまり信用していないと言いたげな発言だったが、これが金融機関から見た西武の実像なのだ。

事実、西武は短期融資を転がしてきた。銀行から見れば、単なる融資先の一つにすぎない。みずほコーポレート銀行にしたところで、西武はそういう相手にすぎなかったのだろう。

貸付金さえ焦げつかなければそれでよし、と割り切ってみえるのも、そうしたあらわれである。本気で西武の再建を考えるなら、少なくとも外資ファンドに手出しはさせなかっただろう。過去の経緯から推し量ると、むしろ資金回収が唯一の狙いだったように思われる。

各行とも西武への見方はきびしい。それが銀行筋と西武の関わり方である。

二〇〇五年三月ごろ、西武グループ経営改革委員会では西武鉄道の増資を検討、その規模を二〇〇〇億円として、各銀行に打診していた。ところが、「出資どころか、借り換えも願い下げ」とまでいわれたと聞く。

金融庁の目が光っていた時期とはいえ、このありさまである。

これは西武がおかしくなったからではなく、もともとあまり信用があつくなかったとみたほうが正しい。西武グループの不透明な経営と財務内容を、各行とも危惧していたからだ。西武鉄道はともかく、未上場のコクドがブラックボックスでは、しかたがなかったろう。

西武グループ経営改革委員会の内部からは、こんな声が聞こえていた。

「西武経営陣は金融用語を理解していないのではないか」

こんな苦言を呈《てい》する人もいた。

「義明は側近に好んでアイスホッケーや野球の出身者をおくが、そういう人たちにかぎって、今回の騒動ではなんの役にも立たなかった」

そうした話を総合すると、義明側近の雰囲気も伝わってこよう。

西武という名の大舞台で義明が一人芝居を演じ、ほかはすべて黒子《くろこ》といった印象が強い。しかも、四〇年以上にわたるロングラン公演であった。

いまは知らないが、以前の国土計画のころには、大卒者をほとんど採用しなかった。高卒者を中心に入社させ、徹底的に義明色に染め上げていった。

そういうところからは、ブレーンスタッフは育たない。従順な僕《しもべ》を大量生産したにすぎない。そうした人材集団で、危機を乗りきることはできない。

義明の人生の最終章

堤義明の復活はあるか。

つい先ごろまで、金融機関筋ではこの話題がささやかれていた。新再編プランに盛り込まれたＮＷコーポレーションの存在が噂の源だったが、正直なところむずかしい。

復活ではなく、存在するという表現なら、それはありうるだろう。事態はなお流動的なので、断定はできないが。

西武経営陣のあいだに義明「名誉会長」説があったが、刑事裁判で有罪が確定した人物を名誉会長とするなどあまりに非常識で、世間は容認しないだろう。

残された道は、「闇将軍」として裏から支配すること。

ただ、後藤高志の力が大きくなればなるほど、義明との二重権力構造が浮き彫りになってくる。

現行の再編劇では、後藤こそがキーマンだからだ。

かりに堤義明がＮＷコーポレーションの株をすべて買い取るとなると、一株・二二三九万円（サーベラス評価）として、巨額の資金が必要になる。

さらに、西武ホールディングス株の大半を支配しないかぎり、オーナーにはなれない。

先代の堤康次郎が「家訓」の中で記した「堤家興隆の成否は二代三代で決する」に対する答えが、二代目にして出たようだ。

堤家の興隆はともかく、西武グループのそれは今後の事業展開いかんにかかっている。水ぶくれした経営をいかに建てなおすかだが、正直なところこれもむずかしい。

秘策がない。あるとすれば、地価の上昇だけ。他力本願である。

主力のホテル事業で徹底した不採算店のスクラップと経営一元化で収益をあげるしかないが、その知恵を出せる人材がいない。

義明の復活は、西武グループにとって吉とはなりえない。人心の一新が必要であり、旧態依然とした価値観は再建の邪魔になるだけだ。

ここは堤猶二の復帰に望みをかけるとか、役員の総入れ替えをするなどして、アンシャンレジーム（旧体制）を打破するなどの抜本的変革なくして、西武の真の再建はありえなかった。

資本の集中と選択を考え、無駄な枝葉を切ることが求められてきた。

義明の復活が、「新西武」に逆行することは確実であったし、彼の復活を求めていたのは、彼の側近たちにかぎられていた。その目的とするところは、自己の既得権益の維持にほかならない。

前述したとおり、堤義明自身の心境が従前どおりではなく、余生の居場所を死守する方向に変化してきた。

八〇歳を超えて、そろそろ彼も人生の最終楽章に入る年齢を迎えている。

堤義明を全否定する考えに私は与《くみ》しない。功の部分も多々あったからだ。彼の功罪を記したら、それで一冊の本になるが、地味な西武を全国区の有名企業にし、ホテル観光産業をリードしてきた事実は否定できない。

現状本意で考えると、ＮＷコーポレーションの代表取締役の地位を花道にするのがベストだろう。

西武の経営から身を引き、求めがあれば大所高所《たいしょこうしょ》から助言を与える。そうすることが、彼にとっても、西武にとっても、最良の選択ではないだろうか。

彼が康次郎のあとを継いでから半世紀が経過した。その間、高度成長、オイルショック、バブル、平成不況と、西武を取り巻く環境はめまぐるしく変化した。

小売業などと違い、西武の事業はそのタイムスパンが長く、結果が出るころには、時代が変化しているというむずかしさもある。堤義明という経営者の評価は、じつのところ、時間がたってみないとわからない。

一九七〇～八〇年代には彼を絶賛し、持ち上げる本が多数あった。稀代《きだい》の名経営者、財界のプリンスなどともてはやされた。ある経済ジャーナリストは、こんなふうに彼を祭りあげたものだ。

「プリンスホテルの従業員は堤氏に心酔《しんすい》している」

「堤康次郎氏の遺した成果は、義明氏だ」

そうしたうわべだけの無節操な記事が、彼をスターにしてしまった。それが一転して、今度は「暴君」、「独裁者」だの、「堕ちたカリスマ」などと、叩く側にまわる。

どちらも彼の一点を照射《しょうしゃ》して書かれたものにすぎない。

有罪判決後の堤義明や西武を書いた本はほとんどなく、書店に並ぶ西武本は、それ以前に出版された事件本、醜聞暴露本ばかりが目立つ。

義明も松下幸之助も普通の人

組織再編時にも、堤義明が復権を画策しているかのように噂されていたが、これまで述べてきたように、真相はそれとは異なっている。たしかにマスコミ的には、堤義明が「権力にしがみつき、事件の反省もなく復活を狙う、とんでもない人物」であったほうが、商売にはなるだろう。それだけに、正味《しょうみ》のところを知ることがますますむずかしくなる。

わかっているのは、義明が特別な人間でも存在でもなく、普通の人だという事実である。なにも彼にかぎったことではなく、松下幸之助にしろ、井深大《いぶかまさる》にしろ、同じことだ。詳細はともかく、基本的にはだれだって普通の人なのである。

そうした目線でみないで、つくられた虚像だけで判断していたら、いつまでたっても実像はみえてこない。

堤義明がいまもっとも気にしているのは、自分の老い先、余生についての不安に違いない。西武グループの奪還という野心に燃えるほど、大胆不敵でも愚かでもない。相応の処遇を求めての行動が、復権への野望と受け取られているというのが実際のところだ。

そうした行動が意味ありげに映り、密約説が生まれるもとになっている。

そのあたりを冷静にとらえる必要がある。経営者責任はすべて結果責任であるから、彼が失敗した事実は消えるものではない。

西武が今後どういう形で再建できようと、堤義明の存在はいままでのようなものではありえない。

ライブドア、村上ファンド……次々と経済事件が発生したが、その中でもっとも長期化しているのが西武事件である。それなりの決着をみるには、いましばらく時間を要するだろう。

堤家の相続問題という最初にやらなくてはならないことを飛ばしてしまったために、整合性がとれず、西武再建がギクシャクしたものになってしまった。

手放した株は買い戻さなければならぬ

本書では去る二〇〇四年に発覚した一連の西武グループにおける不祥事と、それに対する同グループの動きと、西武の企業体質、そして同グループ創業家である堤一族、わけても堤義明について言及してきた。

また彼以外の兄弟たちの動きについても眺めた。最後に堤一族の関係者のひとりとして一連の複雑な道程を、もう一度整理しておきたい。

事件発覚後、すみやかに発足した主銀行、みずほコーポレート銀行（当時）による西武グループ経営改革委員会（通称・諸井委員会）が示した改革案は、西武グループの現状、とくにその資本構成を無視し、話は一挙に堤一族の排除と、銀行主導による経営改革案であった。

当然、こうした非現実的かつドラスティックに過ぎる再建案を、オーナーの堤義明は拒絶した。だが西武鉄道社長に就任した小柳皓正が自殺すると、堤義明の態度が一変し、同委員会案を受け入れると表明。

この急変劇では堤一族のだれもが義明の真意をはかりかねた。これでは創業家の財産を銀行に差し出すようなものだからだ。

しかし、みずほコーポレート銀行から一応は送り込まれた形の後藤高志がみせた再建案は、銀行サイド、つまりは西武グループ経営改革委員会が示した案を白紙に戻した。

新たな再建案は投資ファンドによるもので、そのパートナーに選ばれたのがサーベラスグループであった。当初はほかに日興プリンシパル・インベストメンツも含まれていた。これらファンドが占める西武ＨＤへの出資比率は約四五パーセントとされた。

こうした再建方法の急変で堤義明と後藤高志との間で何か密約が結ばれたのではないかといった憶測が飛びかうことになる。

もっともな話である。後藤高志の動向に注目が集まった。

すでに記したとおり西武ＨＤの設立、さらに旧コクドとの株式交換で誕生したＮＷコーポレーションは、後藤プランによるものである。

その西武ＨＤの筆頭株主として約三五パーセントの株式を保有したのがサーベラスであり、一株千円で株式を購入している。

それから約一〇年。その間に西武の経営方針をめぐり、西武ＨＤとサーベラスが対立する場面もあったが、アベノミクスによる株価高騰で西武ＨＤ株が値上り、上場時（一六〇〇円）の倍近く上昇。この裏には円安による外国人観光客の急増にともなう、プリンスホテルなど観光レジャー施設の業績向上も寄与している。不動産価格の持ち直しも大きい。

とくに外国人観光客の増加がプリンスホテルの業績に寄与しており、都市部において客室稼働率が向上している。

西武ＨＤのホテル関連事業の営業利益をみると、二〇一六年三月期予想において、対前年比二七パーセント増の一三四億円になる見通しである。この伸び率は私鉄系ホテルの中で際立っており、中でも品川プリンスホテルといった中級クラスでは、客室稼働率が八割を超えている。

この傾向は、次期東京オリンピックへ向けて今後も続くものと予想できるが、問題は客単価をどこまで伸ばせるかにある。たしかに西武ＨＤ（プリンスホテル）の営業利益は伸長しているが、これはおもにアジア系外国人客を大量に受け入れている結果であり、その客単価でみると必ずしも高いとはいえない。

いわゆるインバウンド（訪日外国人旅行）のツアー客が主体であることがわかる。たとえばこうしたアジア系外国人観光客（とくに中国系）の獲得に、あまり熱心ではない小田急の伸び率が低く、東急も微増にとどまっているが、これは客層をある程度絞り込んでいるためと考えられる。

プリンスホテルの場合では、そうした客層を絞り込むといった余裕がなく、そのあたりの事情を含めて伸び率を考査しないと、他社との単純比較では真相がみえてこない。

とにかく量で稼ぐといった感じが強く、こうした傾向は以前からみられた。サンシャインシティプリンスホテルなど、その代表例といえよう。

いずれにしても、営業利益が上昇傾向にあることはたしかであり、西武ＨＤの株価に結びついている。

こうした西武ＨＤ株価上昇を受けて、サーベラスは同社保有株の売却に転じたのである。

これにより、サーベラスの持ち株比率が低下し、株主拒否権を手放したことで、サーベラスによる西武ＨＤへの経営圧力が緩《ゆる》んでおり、ひとつの局面を迎えたことはたしかだ。

二〇一四年九月では西武ＨＤの単独筆頭株主がＮＷコーポレーションであることは既述したとおりであり、今後の予測としてファンドの持株数の移転が加速するものと思われる。利益を確定するに、よいタイミングだからだ。

ここで思い出したい言葉がある。

それは堤康次郎がいった「手放した株は買い戻さなければならぬ」だ。

西武ＨＤが自社株を買い戻し、それをＮＷコーポレーションに付けかえる公算は排除できないのではないだろうか。

もしも、この予測どおりに事が進めば、旧コクド（現・ＮＷコーポレーション）の復活も夢ではなくなる。

遠大な西武再編劇の最終着地点が、もしもコレだとすると実におもしろい。

一〇年前（二〇〇四～五年頃）しきりに噂された「密約」説が真実味をおびてくる。

サーベラスも一応の利益を確保でき、西武グループも解体を免《まぬが》れた。

再建劇としては上出来といえよう。西武もサーベラスも、たとえ結果論とはいえ互いにＷＩＮ―ＷＩＮである。

ここでちょっと深読みをしてみたい事がある。それは現・西武経営陣（後藤高志）が、一貫して口にしてきた堤色の排除についてである。これを額面どおりに受け止めれば、なにも現在のような形でなく当初、みずほコーポレート銀行、すなわち西武グループ経営改革委員会が示した再編案を実行すればそれでよかったはずだ。

しかし後藤プランではＮＷコーポレーションを設けて、旧コクド株主をこれへ「避難」させたうえで、同社を西武ＨＤの大株主へすえた。言行不一致は明らかである。

この一連の流れから読み解くと、彼が常に口にした堤色排除とは、より正確にいえば堤清二、堤康弘、堤猶二の排除ではなかったのか。だとすれば納得できる。

西武再編にあたり、前記三名の主張は後藤にとって（もちろん堤義明にとっても）いちばん耳障りな「雑音」であったからだ。

これを遠ざけるには、後藤プランは確かに有効であった。

堤色の排除が意味するものは、堤義明を意味したものとは異なるのではないだろうか。別にそれが悪いことだといっているのではない。むしろ自然な流れだと思う。

かりにも大株主を無視した再編など、あってよいはずがないからだ。

先日、ちょっと興味深いことを耳にした。それは鎌倉霊園に眠る堤康次郎の遺骨を滋賀へ移したとのことだ。

たしかに堤家の墓は郷里の滋賀にあり、一九二三年に堤康次郎が建立した。

実は彼の遺骨は当初より分骨されている。

主要な部位は、この郷里の墓に納められた。鎌倉霊園と、あと一ヶ所、狭山不動《さやまふどう》（康信寺）にも分骨されたと聞いている。

かりに鎌倉霊園に納めた遺骨を滋賀へ移したとしても、これに反対する親族はいないと思うが、西武マンたち、わけても古参社員やOBたちは「事情」を知らないだけに、驚くだろう。

だが、鎌倉霊園内にある観音堂《かんのんどう》に隣接して建つ集会場内の壁には、郷里の絵が飾ってある。それを思うと堤康次郎は鎌倉ではなく、郷里の風景の中で永眠したいのではないだろうか。私にはそう思えてならない。

権力の象徴のような陵墓《りょうぼ》が鎌倉霊園だが、それはどうみても、舞台装置にしかみえなかったからだ。

一連の騒動がはじまって十年以上が過ぎた。西武グループも再生軌道に乗った。

この先のことはわからないが、ひとつの節目として、故郷へ帰って安らかに眠ってほしいと思う。

あとがき

西武グループが事実上崩壊した直後から、次々と西武を暴く書籍が書店に山積みされた。二〇〇四年春のことである。

多くの週刊誌、経済誌などが、私に接触してきた。しかし、彼らの意図するところは、堤義明批判であり、彼への人格攻撃であった。

お定まりの女性関係にはじまり、私生活の暴露を求めた。また、経済誌は西武の暗部に強い興味を抱き、真実にはあまり関心をもたなかった。

そうした三面記事的な興味をもたない私は、情報源として、彼らに相応しい取材対象ではなかった。

私は西武グループという企業体、その経営者を、是々非々の立場でとらえている。

創業者である堤康次郎《つつみやすじろう》についても、一人の人間としてみており、賛美するつもりは毛頭ない。これは政財界人に対する私の基本スタンスである。

だから彼らと同じ目線でものごとをみている。それができないと、本音がみえてこないと思うからだ。

多くのジャーナリストが、西武、堤一族を本にまとめた。それぞれが力作であると思う。取材に東奔西走する行動力には、感心させられた。力作だけに、味も濃かった。

しかし、そうした著作物と私のそれとは、かなり味が異なっていると思う。

いっさいのベクトルをフリーにして書いたつもりである。事実を事実として記し、もちろん推測によらざるをえない部分はあるにしても、脚色はいっさい施《ほどこ》していないつもりだ。

これは私流の「西武解剖史」である。

前々から、そうした私流の目線で、一度、西武グループをしっかり総括しておきたいと考えていた。

本書を書き終えて、正直、肩の荷がおりた思いを強くする。

個性が強い、わがまま娘を相手に、本書を編集していただいた、さくら舎の古屋信吾社長に心よりお礼を申し上げます。

二〇一五年四月

広岡友紀

●堤一族　系譜

明治22（1889）	堤康次郎誕生。
明治40（1907）	青山操誕生。
明治42（1909）	堤康次郎上京。早稲田大学政治経済学部入学。
大正2（1913）	石塚恒子誕生。
	堤康次郎、早稲田大学政治経済学部卒業。
大正6（1917）	沓掛遊園地を設立。
大正8（1919）	箱根の開発に着手。
大正9（1920）	箱根土地会社（のちのコクド）を設立。
大正12（1923）	グリーンホテル開業。
大正13（1924）	堤康次郎、衆議院議員に初当選。
大正14（1925）	小平学園都市の分譲を開始。
	駿豆鉄道（現在の伊豆箱根鉄道）の経営を確立。
大正15（1926）	国立大学町の分譲を開始。
昭和2（1927）	堤清二誕生。
昭和3（1928）	多摩湖鉄道（現在の多摩湖線）を設立。

昭和7（1932）武蔵野鉄道（現在の池袋線など）の経営に参加。

昭和9（1934）堤義明誕生。

昭和13（1938）武蔵野鉄道の経営再建に成功。

昭和15（1940）武蔵野デパート（現在の西武百貨店）を設立。

武蔵野鉄道が多摩湖鉄道を合併。

昭和16（1941）東京耐火建材（現在の西武建設）を設立。

昭和18（1943）堤康次郎、近江鉄道、旧西武鉄道（現在の新宿線など）の社長に就任。

昭和20（1945）武蔵野鉄道が旧西武鉄道、食糧増産を合併し西武農業鉄道に改称。

昭和21（1946）西武鉄道へ改称。

昭和23（1948）秩父森林組合より武甲山石灰石鉱区を譲受。秩父への鉄道延長を条件に付される。

昭和25（1950）軽井沢プリンスホテル（のちの千ヶ滝プリンスホテル）開業。

昭和27（1952）高田馬場〜西武新宿間開業。

昭和28（1953）ホテル藤（のちの麻布プリンスホテル）、高輪プリンスホテル開業。堤康次郎が衆議院議長に就任。

昭和29（1954）横浜プリンスホテル開業。

堤清二が西武百貨店に入社。

昭和30（1955）赤坂プリンスホテル開業。

昭和32（1957）七里ヶ浜ホテル開業。

堤義明が早稲田大学商学部卒業。

堤義明が国土計画興業代表取締役に就任。

昭和35（1960）山梨交通を国際興業へ譲渡。

昭和36（1961）箱根の自動車有料道路を神奈川県へ譲渡。

昭和38（1963）堤清二が西友ストアーの社長に就任。

昭和39（1964）堤康次郎死去。東京プリンスホテル開業。

昭和40（1965）鎌倉霊園開園。堤義明が国土計画社長に就任。

昭和41（1966）堤義明が石橋徳太郎長女・由利と成婚。

堤清二が西武百貨店の社長に就任。

昭和43（1968）拝島線全通。

昭和44（1969）西武秩父線開業。

昭和45（1970）西武化学の不動産部門が西武都市開発として独立し、西武流通グループ（のちのセゾングループ）へ編入。西武グループが鉄道グループと流通グループに2分割される。

昭和46（1971）高輪プリンスホテル新館開業。

昭和48（1973）札幌プリンスホテル開業。

軽井沢プリンスホテル東館開業。

堤義明が西武鉄道社長に就任。

昭和52（1977）下田プリンスホテル開業。

昭和53（1978）新宿プリンスホテル開業。

昭和60（1985）品川プリンスホテル開業。

昭和61（1986）西武流通グループがセゾングループと改称。

平成1（1989）京都宝ヶ池プリンスホテル開業（現在のグランドプリンスホテル京都）。

平成7（1995）堤義明が西武鉄道会長および日本オリンピック委員会初代会長に就任。

平成13（2001）堤義明がコクド会長に就任。

平成16（2004）セゾングループの解散。

西武鉄道総会屋不正利益供与事件。東証が西武鉄道株の上場を廃止。

堤義明が全役職から去る。

平成17（2005）西武ポリマ化成が民事再生法の適用を申請。

エプソン品川アクアスタジアム開業。

平成18（2006）西武ホールディングス発足。

プリンスホテルがコクドを吸収合併。

平成25（２０１３）｜旧コクドはＮＷコーポレーションへ移行。
堤清二死去。
平成26（２０１４）｜西武ホールディングスの株式が東証に再上場。

著者略歴

東京都に生まれる。堤一族の関係者。マサチューセッツ工科大学を卒業。米国系航空会社客室乗務員を経て、鉄道・航空アナリストとなる。鉄道と航空の科学の第一人者。

著書には『大手私鉄比較探見 東日本編』『大手私鉄比較探見 西日本編』（以上、JTBパブリッシング）、『私鉄・車両の謎と不思議』（東京堂出版）、「シリーズ日本の私鉄」――『西武鉄道』『東京急行電鉄』『近畿日本鉄道』『阪急電鉄』『京阪電気鉄道』『西日本鉄道』『東京地下鉄』他（以上、毎日新聞社）『鉄道と電車の技術』（さくら舎）、『リゾート開発と鉄道財閥史』（彩流社）など多数がある。

「西武《せいぶ》」堤《つつみ》一族《いちぞく》支配《しはい》の崩壊《ほうかい》

――真実《しんじつ》はこうだった！

二〇一五年七月一〇日　第一刷発行

著者　広岡友紀《ひろおかゆき》

発行者　古屋信吾

発行所　株式会社さくら舎　http://www.sakurasha.com

東京都千代田区富士見一-二-一一　〒一〇二-〇〇七一

電話　営業　〇三-五二一一-六五三三　FAX　〇三-五二一一-六四八一

編集　〇三-五二一一-六四八〇

振替　〇〇一九〇-八-四〇二〇六〇

装丁　石間　淳

印刷・製本　中央精版印刷株式会社

ISBN978-4-86581-019-6

さくら舎の好評既刊

池上彰

ニュースの大問題!

スクープ、飛ばし、誤報の構造

なぜ誤報が生まれるのか。なぜ偏向報道といわれるのか。池上彰が本音で解説するニュースの大問題! ニュースを賢く受け取る力が身につく!

1400円(+税)

定価は変更することがあります。